# 入試直前 必勝ガイド

## CONTENTS

# 試験当日の持ちもののチェック!!

入試の日に、忘れものをしたら大変！
試験当日の持ちものは、
余裕をもって前日までに
用意をしておきましょう。
「受験票、筆記用具…
そのほかになにが必要なの？」
というみなさんのために、
試験当日に必要となる
代表的な持ちものを
ご紹介します。

## 1 受験票

何校か受験する場合は他校の受験票とまちがえないように。

## 2 消しゴム

消しやすさが大切。使いづらいものだと消しているときに試験用紙を破いてしまうことも。

## 3 筆記用具

ペン類は転がらないように輪ゴムでひとまとめにしておくと便利です。

## 4 上ばき

学校で使っているものでOK。きれいに洗ったものを用意します。

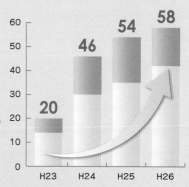

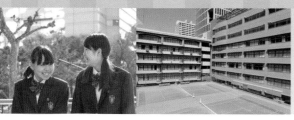

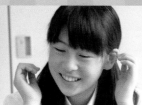

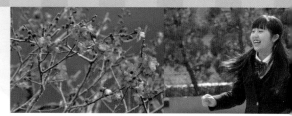

# 世界の隣人と共に生きる
# グローバル教育！

キリスト教の信仰に基づく教育によって　神の前に誠実に生き　真理を追い求め
愛と奉仕の精神をもって　社会に　世界に対して　自らの使命を果たす　人間の育成を目指します

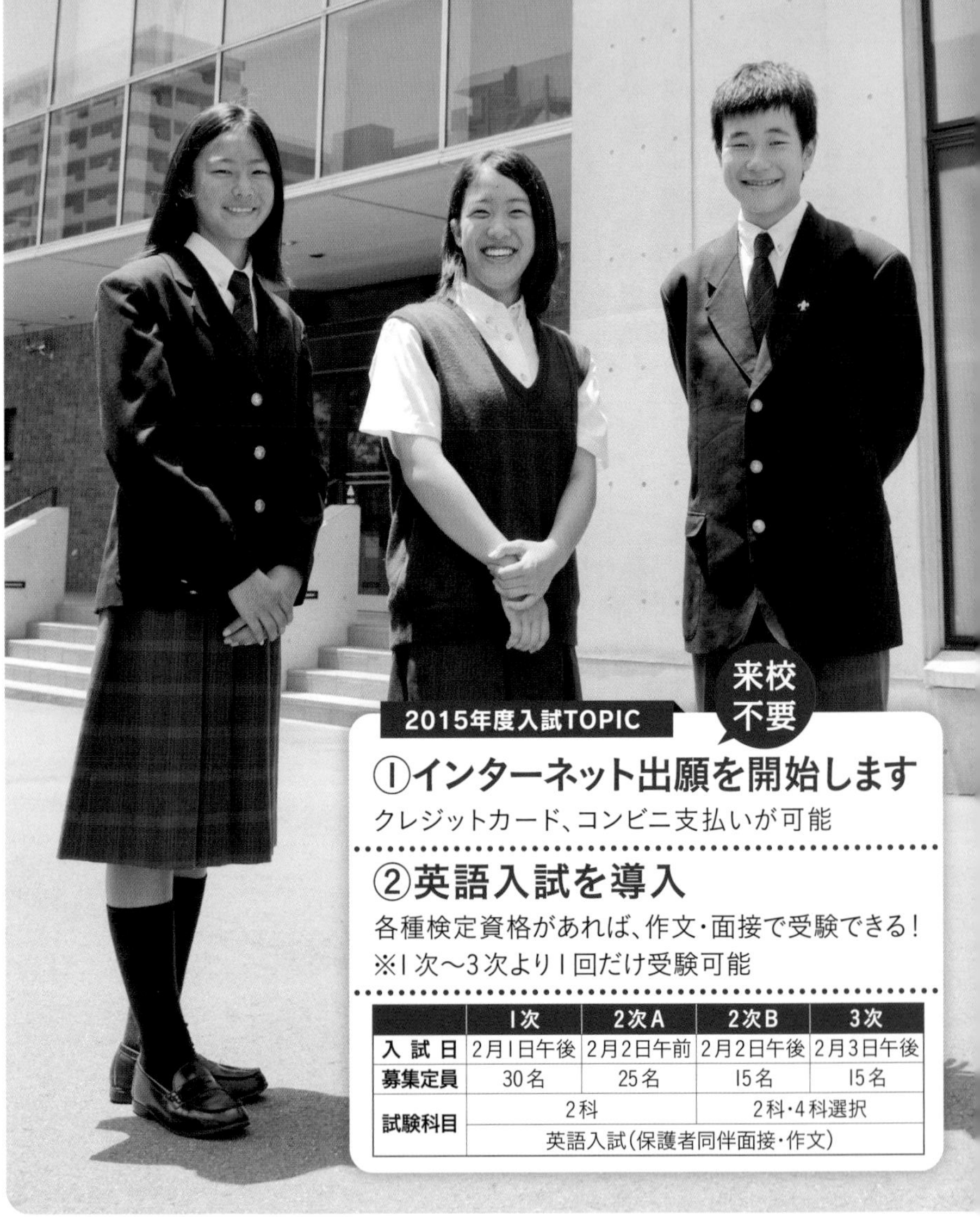

- 大学29名＋女子短期大学5名
青山学院への推薦入学枠 **34**名

- 葉山インターナショナルスクールとの連携
2014 Summer School ボランティア
に有志生徒10名が参加

学校説明会・土曜ミニ説明会で
「2015年度入試TOPIC」の詳細をご説明します

## 学校説明会 ※予約不要

**12/13**［土］10:30~12:00

## 土曜ミニ説明会 ※参加にはweb予約が必要です

**1/10**［土］ 10:00~12:00
**1/17**［土］ 10:00~12:00
**1/24**［土］ 10:00~12:00

**2015年度入試TOPIC**

来校不要

### ①インターネット出願を開始します

クレジットカード、コンビニ支払いが可能

### ②英語入試を導入

各種検定資格があれば、作文・面接で受験できる！
※1次～3次より1回だけ受験可能

| | 1次 | 2次A | 2次B | 3次 |
|---|---|---|---|---|
| 入試日 | 2月1日午後 | 2月2日午前 | 2月2日午後 | 2月3日午後 |
| 募集定員 | 30名 | 25名 | 15名 | 15名 |
| 試験科目 | 2科 | | 2科・4科選択 | |
| | 英語入試（保護者同伴面接・作文） | | | |

青山学院第二高等部を継ぐキリスト教教育

# 横須賀学院中学校・高等学校

YOKOSUKA GAKUIN Junior High School

〒238-8511 横須賀市稲岡町82番地
TEL.046-822-3218　FAX.046-828-3668
http://www.yokosukagakuin.ac.jp/

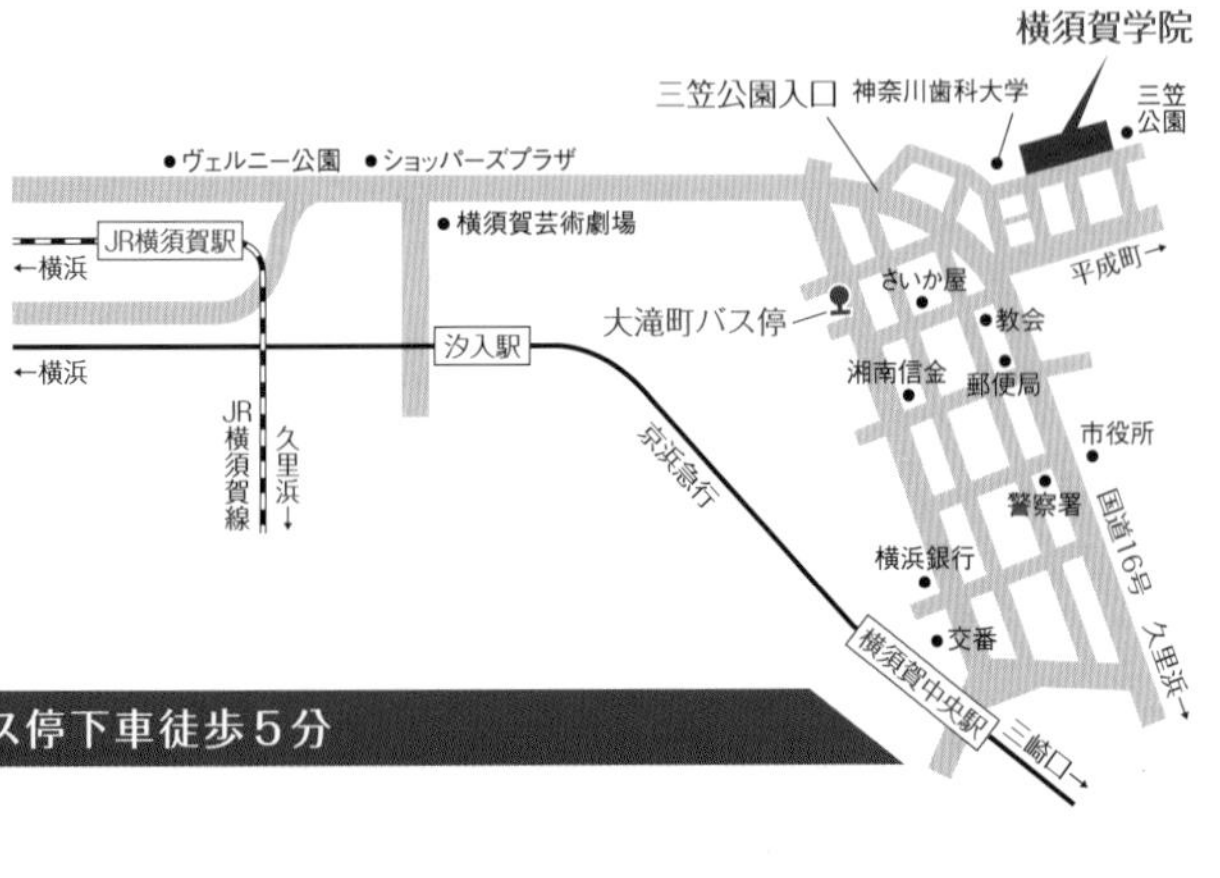


◆京急横須賀中央駅から徒歩10分　◆JR横須賀駅からバス5分 大滝町バス停下車徒歩5分

# 試験当日の持ちものチェック!!

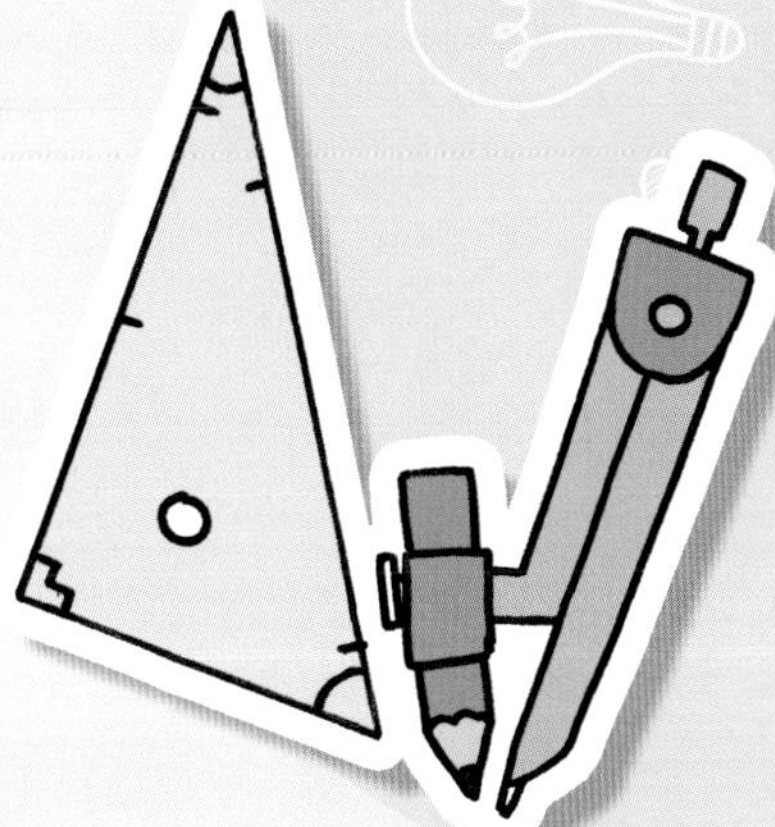

## 5 腕時計

アラーム機能がある場合はかならずオフに。電池も確認しておきましょう。

## 6 三角定規 コンパス

持ちものとして指定があった場合は忘れずに準備します。

試験当日に必要なもの、あると便利なものなどを、準備する際のポイントといっしょにお知らせします。

ただし、学校によっては試験会場に筆記用具以外の持ちこみをしてはいけない場合もあるので、よく確認しておきましょう。

また、75ページには「持ちものチェックリスト」を載せています。準備の際に役立ててください。

**1 受験票**　持ち運ぶ際はクリアホルダーに入れておけば折れたり汚れたりする心配は減ります。忘れてはならないものですが、もし当日忘れてしまった場合でも、受付で事情を説明すれば試験は受けられますので、あわてずに落ちついて対応しましょう。

**2 消しゴム**　予備も含めて2～3個用意しておくと安心です。消しやすい良質なものを選びましょう。消しくずがまとまりやすいものもおすすめです。

**3 筆記用具**　鉛筆はHBの濃さのものを6～8本持っていきます。鉛筆削りもあるといいですね。シャープペンシルの場合は2～3本。替え芯も用意しましょう。

**4 上ばき**　いつも学校ではいている上ばきで大丈夫です。スリッパは避けた方がよいでしょう。

**5 腕時計**　計算機能のついていないものを持っていきます。アラーム機能がある場合はオフにすることを忘れずに。学校によっては持ちこみができないところもあるので気をつけましょう。

**6 三角定規・コンパス**　学校から持ちものとして指定されることがあります。逆に、持ちこみが禁止されている場合もあるので注意しましょう。

**7 お弁当**　午後にも試験や面接がある場合に用意します。汁がでないもので、消化によいおかずを選んでください。当日は緊張して食が進まないこともあります。おかずを食べやすいひと口サイズにしたり、お子さまの好きなものを入れるなど工夫してみてください。

**8 飲みもの**　温かい飲みものは緊張をほぐす効果があります。小型のマグボトルは保温性も高くカバンに入れやすいので便利。身体の温まるホット麦茶やハチミツ入りレモン湯などがおすすめです。

## 7 お弁当

消化にいいおかずにします。お子さまが食べれる量を用意するのもポイント。

## 8 飲みもの

温かい飲みものだと、心も身体もホッとしてリラックスできます。

**9 ハンカチ・タオル**　トイレで手を洗ったときのお手ふきに使いますが、雨や雪でぬれた衣類や持ちものをふくのにも重宝します。

**10 ティッシュペーパー**　身だしなみとして持っておきたいもの。

**11 ブラシ・手鏡**　面接がある場合に使います。

**12 大きめのカバン**　マフラーや手袋などを入れられるように、大きめのものがいいでしょう。

**13 メモ用紙**　保護者控え室では、1科目ごとに問題と解答が掲示されることが多いので、書き取れるメモ用紙があると便利です。

**14 交通機関のプリペイドカード**　切符を買うよりも割安ですし、乗り換えがある場合も改札をとおるだけなのでスムーズです。事前に残高を確認しておき、チャージするのを忘れないように。

**15 携帯電話**　緊急連絡用に保護者が持ちます。試験会場には持ちこめません。マナーモードにして音がでないようにしましょう。

**16 お金**　交通機関のプリペイドカードに対応していない一部の交通機関を使う場合には、交通費用に小銭を用意しておきましょう。

## 10 ティッシュペーパー

鼻紙にはもちろん、消しゴムのかすを捨てるときにも便利。

## 9 ハンカチ タオル

きれいに洗濯した清潔なものを忘れずに用意しましょう。

## 12 大きめのカバン

荷物をまとめられる大きさが◎。口が閉じられるタイプだと中身が飛びでたり、雨や雪でカバンのなかがぬれる心配もありません。

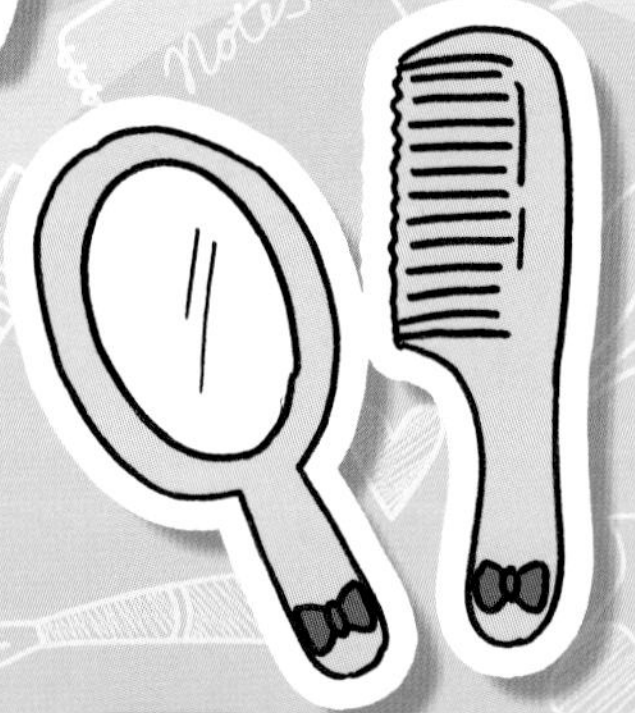

## 11 ブラシ 手鏡

面接の前に身だしなみを整えるのに使います。

## 14 交通機関のプリペイドカード

電車やバスに乗る場合は切符よりもこちらが断然便利（交通機関によっては使用できない場合もあります）。

## 13 メモ用紙

合格発表の日時などをメモするのにも役立ちます。ペンも忘れずに。

# 試験当日の持ちものチェック!!

## 15 携帯電話

緊急時用です。マナーモードにしてまわりの迷惑にならないように。

## 16 お金

小銭を用意しておくといいでしょう。

## 17 カイロ

熱すぎる場合はカイロケースに入れて使う工夫も。

## 18 雨具

入試の前には雨具のチェックも忘れずに。そのほかに、ぬれたものを入れるビニール袋もあれば完璧です。

## 19 替えソックス

雨や雪で靴下がぬれたままでは、試験に集中できないばかりか風邪をひくこともあります。

**17 カイロ**　手軽に温まることができる携帯用カイロ。貼るタイプや足の裏用など種類も豊富ですが、低温やけどには気をつけて。

**18 雨具**　試験当日に雨や雪が降ったときのために、長靴やレインコートを用意しておきます。

**19 替えソックス**　雨や雪で靴下がぬれたときに履きかえます。備えあれば憂いなしです。

❖◆❖◆❖◆❖

**そのほか、あると便利なもの**

**学校案内や願書の写し**　面接の際に持っていくと参考になります。

**参考書**　緊張して落ちつかないときに開いてみましょう。

**のど飴・トローチ**　のどの痛みがつらいときや緊張で口のなかがかわいたときに。

**マスク**　風邪予防に効果的です。入試の行き帰りにはかならずマスクをしましょう。

**お守り**　これまで勉強してきた成果が発揮できますように！

❖◆❖◆❖

必要な持ちもののチェックはできましたか？　準備を万端にして、お子さまが全力をだしきれるようにサポートしてください。

*中学受験の「今」を追う!*

森上教育研究所所長 森上展安

EDUCATIONAL COLUMN

# 受験生動向から見る 2015年度 首都圏中学入試

## 「サンデーショックの年」と同じ傾向の女子

来年入試の最も大きな話題である「サンデーショック」の動向からお伝えします。その前に、女子受験者数はトータルでは今春並みだ、と考えてください。

まずは東京の女子上位校で、もともと2月1日に入試を行っている学校を、便宜上、1日在来上位校という言い方にします。そうするとこの1日在来上位校の志望者数がだいたいどこも例外なく増加しています。

一方、神奈川女子上位校で2日の入試日を1日に変更して参入、サンデーシフトにした鎌倉女学院、湘南白百合学園は、大きく緩和しています。ただし、神奈川在来上位校である中央大横浜、洗足学園は、東京在来上位校である鷗友学園女子、吉祥女子、頌栄女子学院などと同様、増加しています。つまりサンデーショック年のいつもの傾向ですが、在来校は増加、参入校は減少というトレンドが2月1日ではやはり明確です。倍率が例年と大きく変わらないよう合格者数は受験者数の増減に合わせて調整されますが、そうはいっても緩和している入試状況と大幅増のケースとでは、入りやすさはやはり緩和した状況の方が入りやすいことは事実ですし、第1志望校は変えられません。

一方でこのトレンドは2日になると2日在来校と2日入試に参入した学校の増減は逆になります。すなわち2日に移動した女子学院、フェリス女学院、東洋英和女学院、横浜共立学園、横浜雙葉などは大きく志望者数を増やし、2日在来校である豊島岡女子学園、慶應義塾湘南藤沢、白百合学園、青山学院などは大きく減少しています。1日在来校と1日参入校と逆トレンドで2日在来校は減少、2日参入校が増加しています。例外は2日の中央大横浜で在来校ながら増加しています。

## 前年度の傾向がつづく男子全体的に緩和傾向

さて、男子全体の状況は、基本的に2014年春の入試状況から大きく変わっていません。すなわち、難関校が低倍率で推移しているうえ、つぎのランクの上位校が、本郷の参入で軒並み低倍率になっている、という状況をさします。ただし、個々の人気には変化があり、今春人気だった武蔵、芝の人気は反動か、やや

**森上　展安**　Nobuyasu Morigami

「受験」をキーワードに幅広く教育問題をあつかう。とくに中学受験について永年のデータ蓄積があり、そこから導きだす分析をベースにした鋭い指摘に定評がある。近著に『偏差値だけではわからない 塾も学校も教えてくれない 入って得する人気校の選び方―中学受験白書2011 首都圏+全国480校』（ダイヤモンド社）などがある。

緩和しつつあり、一方で攻玉社、本郷は今春とは逆に増加となり隔年現象を呈しています。

大学附属校トップの早大高等学院、慶應義塾普通部ともに緩和傾向、ただし、早稲田は人気が増え、海城は志望者減となっています。

神奈川のサレジオ学院の緩和、逗子開成の人気などは今春入試と同じ傾向がつづいています。

2日の神奈川ツートップの栄光学園、聖光学院はどちらも人気増。攻玉社、本郷の2日入試も前年より増の志望者数となっています。

また3日は、1日同様早稲田人気が高いのですが、上位校は1～3日をつうじ緩和傾向にあり、ここにあげた増加傾向をしめす学校以外はおおむね、前年減の志望者数となっています。

女子とちがって男子は、サンデーショックのような特別のことはなく、大きな入試状況の変化がないのですが、むしろ鎌倉学園、桐蔭学園など神奈川中堅校の午後入試参入で、午前入試はさらに緩和感がでるはずで、志望者数の減は倍率緩和に直結する点に注目したいですね。

そうしたなかでも人気が定着しているのが、東京都市大付属、広尾学園、あるいは宝仙学園理数インターなどで、志望者数が増加基調をしめしています。

中位校は男女とも全体に緩和傾向が強くなってもいます。したがって千葉、埼玉、茨城など中位校の多い1月校の入試合格の状況もそうなっているとお考えください。

逆に言えば、千葉では渋谷教育学園幕張、東邦大東邦、市川と、つづく昭和学院秀英の人気は底固いですが、そのほかで緩和しています。埼玉では栄東や開智への人気集中がみられます。

これからの注目は、入りやすい割に他に抜きんでて出口実績が高い学校であったり、スーパーグローバルハイスクール指定校などグローバル教育を打ちだしている学校により人気が高まる可能性があるということだと思います。

筆者のWEBサイトではそうした入学時点の偏差値の割に、大学進学実績が高い「学力を伸ばしてくれる学校」などの表を作成して掲載していますので参考にしてください。中位成績層の受験生にとって、中学高校でよく学力を伸ばしてくれる学校はとくに大事です。中学受験の偏差値で10ポイントくらい上位の学校と同じくらいの大学実績を残している学校はいくつかありますから、よく調べてみましょう。その点で公立中高一貫校の人気は、こうしたニーズと同じものといえ、出口実績のよさ悪さで入試状況に変化が生じやすくなっています。

## 6年後の大学入試改革も焦点 対策が練られている学校を

中高一貫校選びで今年の焦点となってきそうなのが、いまの小学校6年生から変わる、と言われている大学入試の変化です。達成度テストと、その出題形式（合教科型や合科目型、総合型など）これに加えて、多面的評価による推薦入試ないし、国立大学2次への導入です。

こういった大学入試の変化に耐える学校とはどういった学校なのか、という判断に迫られています。評価の仕方が変われば学習の取り組み方も変えなければなりません。その最大のものはTOEFL、IELTS、TEAP、GTECといった外部の英語の評価機関による評価で、大学入試にもその評価を活用しよう、という国の方針がだされたことです。

これまで、こういった外部試験は、推薦入試では利用するところもありましたが、今度は一般入試そのものへの利用ですし、しかも達成レベルが格段に高いので、従来の取り組みでは、少なくとも達成度評価としては低くならざるをえません。

幸か不幸か、リーマンショックの2009年以降、中学受験は沈静化し、一方で公立高校のトップクラスの受験レベルが難化しています。

つまり中学受験は入りやすくなり、その一方で大学の出口に要求される達成度は高くなるということは、英語ひとつとっても明らかです。

こうした学力の質を測る達成度テストでは長期の学力醸成が必要になります。その意味では、中学受験が緩和することで、こうした大学入試をにらんだ高い質の勉強を長期に取り組むのに向いている中高一貫校に、とても入りやすくなりました。

そのことをふまえると、このような中高一貫校は入りやすくなったうえに、入ってからの学力醸成に好位置を占めることができる、ということです。

じつは多面的評価を主として採用する、大学のいわゆるAO入試は、これまで以上にウエイトが高くなることは確実です。この点も一貫教育での形成が向いていますね。

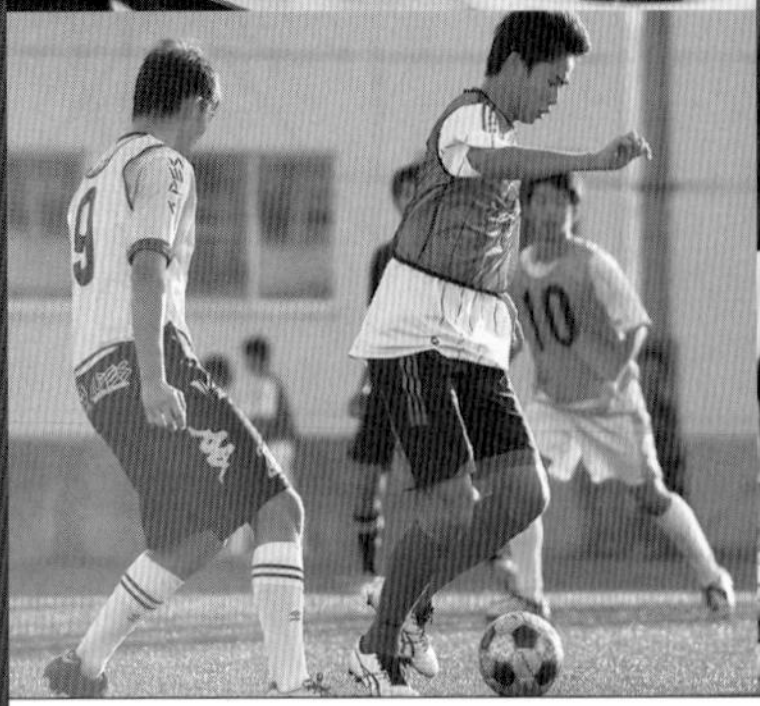

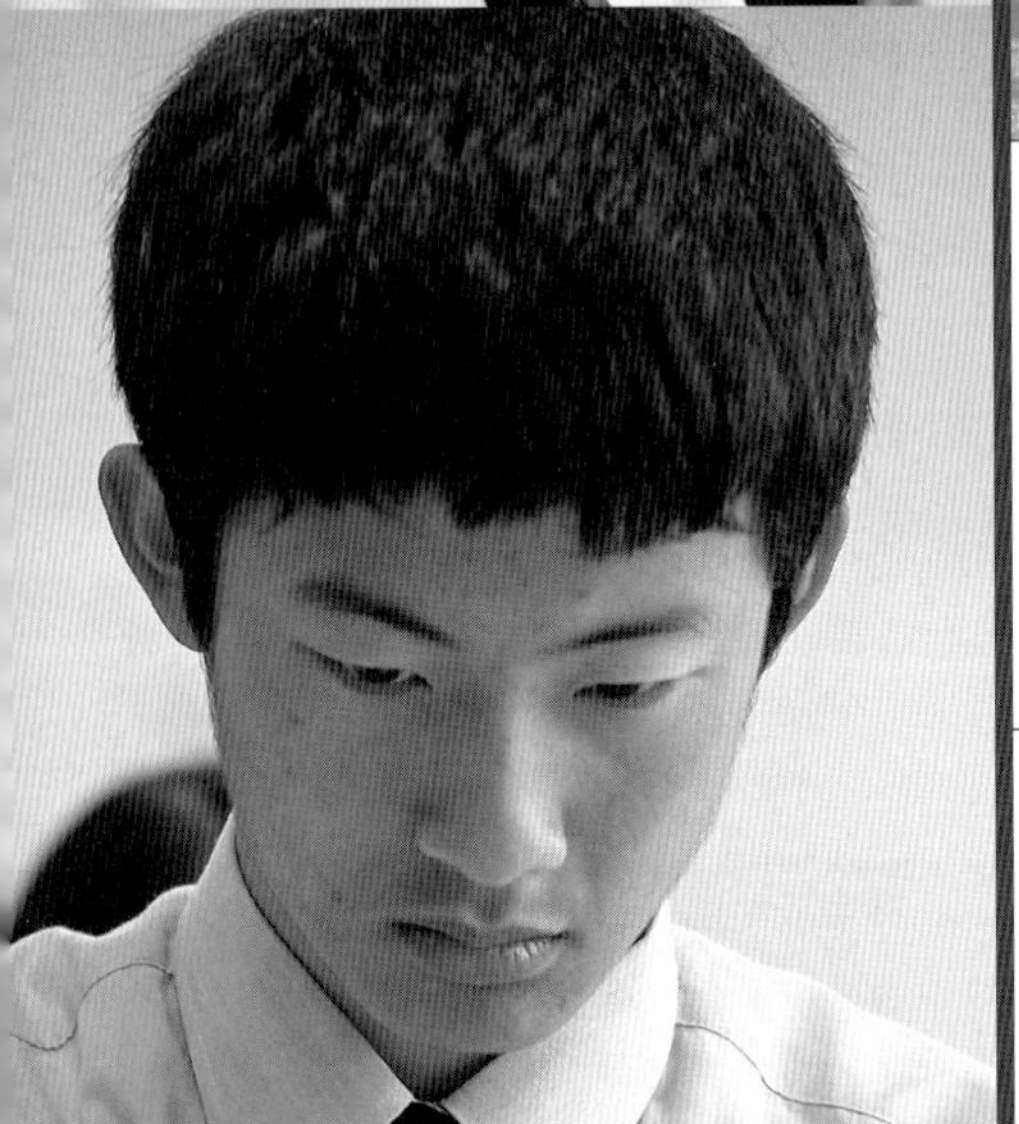

# 描く100年　創る100年

**女子美が目指したのは、女子の新しい生き方を世の中に示すことでした。**

私たち女子美生は、創立したその時から「描くこと」「創ること」によって、自分自身を輝かせ、
日本の女の子たちを勇気づけ、社会をゆっくり大きく変えてきました。
この確かな歩みは、これからの100年も変わることなく、一層力強く続いてゆきます。

女子美付属の100年の歴史に新たなる輝きを。
これからの100年に挑む女子美生の使命です。

## ■平成26年度　受験生対象行事

| | | |
|---|---|---|
| 11月22日(土) | 公開授業 | 8:35～12:40 |
| 11月29日(土) | 公開授業 | 8:35～12:40 |
| | 学校説明会 | 14:00～ |
| 12月6日(土) | ミニ学校説明会 | 14:00～ |
| 1月10日(土) | ミニ学校説明会 | 14:00～ |

## ■高等学校卒業制作展

**3月2日(月)～ 3月8日(日)**
9:30～17:30　東京都美術館

●本校へのご質問やご見学を希望される方には、
随時対応させて頂いております。
お気軽にお問い合わせください。

## ■平成27年度募集要項(抜粋)

| | 第1回 | 第2回 |
|---|---|---|
| 募集人員 | 女子110名 | 女子25名 |
| 試験日 | 2月1日(日) | 2月3日(火) |
| 試験科目 | 2科4科選択<br>国･算　各100点･50分<br>社･理　各　50点･30分<br>面接(約3分) | 2科<br>国･算　各100点･50分<br>面接(約3分) |
| 願書受付 | 1/20(火)～30(金) 郵送必着<br>※持参の場合のみ<br>1/31(土)12:00まで受付可 | 1/20(火)～30(金) 郵送必着<br>※持参の場合のみ<br>2/2(月)12:00まで受付可 |
| 合格発表 | 2月1日(日)<br>20:00～20:30頃 | 2月3日(火)<br>17:00～18:00頃 |
| | 校内掲示･HP･携帯サイト | |

## 女子美術大学付属高等学校・中学校

〒166-8538　東京都杉並区和田 1-49-8　TEL 03 - 5340 - 4541　URL http://www.joshibi.ac.jp/fuzoku/

100th 2015 ANNIVERSARY

専修大学松戸中学校
〒271-8585 千葉県松戸市上本郷2-3621 TEL.047-362-9102
http://www.senshu-u-matsudo.ed.jp/
SINCE 2000
中学校説明会（予約不要）
12/14（日）10:00～12:00
【ダイジェスト版】1/5（月）14:00～15:00
※初めて本校の説明をお聞きになる6年生対象
■場所：多目的ホール
テーマ別説明会（予約不要）
第2回11/22（土）「グローバル教育について」
■10:00～12:00 ■場所：本校体育館
平成27年度 中学入学試験
▶第1回 1/20（火）〈定員100名〉
▶第2回 1/26（月）〈定員30名〉
▶第3回 2/3（火）〈定員20名〉
■試験科目:3回とも4科目(面接なし)
※第2回入試の定員には、帰国生枠(若干名)を含みます。
なお、帰国生枠に出願の場合のみ、面接試験があります。
※詳細については募集要項をご参照ください。
世界へ羽ばたけ
確かな未来はここから始まる
Soar Around The World 2015
専修大学松戸
高等学校・中学校・幼稚園
公式ロゴマーク

## 平成27年度　「一貫特進コース」新設

授業・家庭学習・確認テスト・補習・個別指導のサイクルの中で、
「わかるまで、できるまで」サポートしながら学力向上を図り、
6年後の難関大学合格を目指します。

### 中学校説明会　　予約不要

11月15日(土)　12月 7日(日)★
1月10日(土)　13:30～ ★印のみ11:00～

### 中学校入試模擬体験　　要予約

12月20日(土)　13:30～

### 合唱コンクール　　予約不要

11月21日(金)　10:00～12:00
★会場：川口総合文化センター

**平成27年度入試要項(抜粋)**

| | 第1回 | | 第2回 | | 第3回 |
|---|---|---|---|---|---|
| | 午前 | 午後 | 午前 | 午後 | 午前 |
| 入試日時 | 2月1日(日) 午前8:30集合 | 2月1日(日) 午後3時集合 | 2月2日(月) 午前8:30集合 | 2月2日(月) 午後3時集合 | 2月5日(木) 午前8:30集合 |
| 募集人員 | 男・女80名 | | 男・女30名 | | 男・女10名 |
| 試験科目 | 【午前】2教科型（国・算・英から2科目選択） または4教科型(国・算・社・理) 【午後】2教科型（国・算・英から2科目選択） | | | | 2教科型または4教科型 |
| 合格発表 | 午前入試：校内掲示・携帯webともに入試日の午後2時 | | | | |
| | 午後入試：携帯webは入試当日午後8:30、校内掲示は入試翌日午前9時 | | | | |

# 帝京中学校

〒173-8555 東京都板橋区稲荷台27番1号　TEL. 03-3963-6383
●JR埼京線『十条駅』下車徒歩12分●都営三田線『板橋本町駅』下車A1出口より徒歩8分
http://www.teikyo.ed.jp

最後の総チェック

# 中学入試「合格」への道しるべ

**いよいよ中学入試本番までのタイムリミットが近づいてきています。いい状態でその日を迎えるためにも、受験生はもちろん、保護者のみなさまにもできること、やるべきことがいくつもあります。悔しさを残さないためにも、これから入試本番までに必要なことをここで「総まとめ」してみます。**

## 志望校決定のポイント

中学入試の試験日まで、いよいよ日数が限られてきました。11月以降の段階においては、実際にどの学校を受験するかを決定することが大きな節目となります。これまで各ご家庭で検討したり、学校説明会に参加した学校も数多くあるでしょう。そうした候補校のなかから、実際の入学試験日程も考慮しながら、志望校を具体的に決定していく必要があります。中学受験において、保護者のかたがするべき重要な判断のひとつといえるでしょう。

　また、受験直前期における学習方法として、実際に過去に出題された志望校の入試問題を演習していくこと、いわゆる「過去問演習」は、中学入試にかぎらず、入学試験対策としては最も有効で、不可欠な受験準備です。その演習を始めるためにも、早めの受験校決定が大切です。

　志望校の決定は、お子さまにとって最善の学校を選ぶということが基本といえるでしょう。そして、受験する学校は、すべて合格したならば進学するという前提で選んでいくことが重要です。受験生本人が、「この学校なら行ってみたい」と思えるようになることは、勉強への強いモチベーションとなり、合格に一歩近づくことにつながります。

　入学試験ですので、当然ながら合否はでてしまいます。そこで、どうしても合格しやすい選択をするため、偏差値のみを学校選びの判断基準としがちになります。しかし、偏差値はデータの一種であり、合格の可能生をしめすひとつの指標でしかありません。けっして学校の価値を左右する数値ではないのです。学校選びは、偏差値だけにとらわれず各校の校風や学校文化、行事や部活動なども含めた学校全体像から慎重に検討していきましょう。

### 大学合格実績の評価にも留意

　また、昨今の中学受験における学校選択の重要な要素として、各校の大学合格実績を重視する傾向が強くなってきています。とくに大学附属校ではない中高一貫校を選ぶ場合には、中学校に入学してから6年後の進路に注目するかたが増えてきた結果といえるでしょう。

しかし、ここで注意したいことが2点あります。現時点における大学合格実績は6年前に入学した生徒たちによってだされたものである点と、合格実績の見方です。この6年間のうちでも、学校内容が大きく改革され、実績が伸長中の場合もあります。また、数値を見るにあたり、難関大学の合格者数や、近年、高い人気のある医学部医学科への合格実績数のみに目をとられることのないようにしてください。

　というのも、各校ごとに大学合格実績の発表形態が異なり、同一人物が複数の私立大学・学部に合格していても、それぞれ1名合格として数えている例も少なくありません。その一方、合格者数発表ではなく、実際にそれぞれの大学・学部に進学した実進学者数のみを公表している学校もあります。当然、実進学者数のみの発表の方が数は少なくなります。そうした点も考慮して大学合格実績を見ていく必要があります。

　加えて、在籍者数のちがいも数に影響してきます。1年度ごとの卒業生数が各校ごとに異なりますので、その数も参照して合格者実績を判断することが大切です。

　さらに、大学入試では、現役合格に重きがおかれることもあります。浪人しての受験準備における経済的・精神的負担の大きさから、できることなら現役で大学に進学させたいと考えるかたが多いからでしょう。ここで注意すべきは、単純に卒業生中の現役大学進学率が高いからそれだけ合格実績、学校の学習指導の内容が優れていると言い切れないということです。とくに男子上位進学校では、現役時点で合格した学校があったとしても、第1志望に合格できなかった場合には、あえて浪人の道を選んで翌年に再チャレンジしたり、最初から第1志望校しか受験しないという例も多くあります。

　志望学部のちがいにも注目してください。一般的に文系学部の場合には、私立大を中心に併願の幅が広くなり、理系に比べて合格者数が全体では多くなりがちです。

　ですから、理系志望の受験生が多い学校は、トータルとしての合格者数は、文系志望者が多い学校に比べて、数だけ見ると少なめになる傾向があります。近年、女子受験生における理系進学志望者が急増しつつあり、単純に数のみでの比較をしてしまうと正確な判断ができませんので、この点に留意してください。

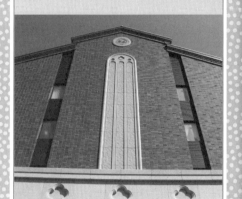

## 私立中高を選ぶポイントは

　このように、大学合格実績ひとつをとっても、さまざまな要素が複雑にからみあっています。中学受験をするということは、広い選択肢のなかから学校を選ぶことができるわけで、それは大きなメリットですが、あくまで中高6年間にわたって受ける教育を選択するということが基本です。中等教育の目的は、なにも大学入試を突破できる学力をつけることだけではないと思います。

　可塑性に富んだ中高6年間という貴重な時間を、どんな環境で、どんな仲間と、どのような先生がたとともに生活するのかという視点が大切でしょう。とくに私立各校は、それぞれの建学の精神に基づき、個性的な教育活動を展開しています。各校ごとに異なった校風や理念を掲げての中等教育を実践しています。

ですから、大学合格実績も重要な選択要素のひとつととらえながらも、各校の教育内容や校風が、お子さまに合致しているかどうかをじっくりと考慮して学校選択にあたってください。そして、入試の結果によっては、併願校に進む場合もあるでしょう。そのときには、入学した学校が第1志望校なのだと考えていくことも重要です。

## 入試直前のラストスパートでは

入試が近づく秋ごろまでは、どちらかといえばのんびりしていて中学受験にのぞむという自覚に乏しかった受験生も、秋以降ともなると、少しずつ受験生らしく変化してくるものです。

多少の個人差はありますが、それぞれ自分なりに「受験に向けがんばっていきたい」という気持ちを持つようになります。合否とはまったく別に、中学受験をする大きな意義がここにあります。もちろん、そうした意気込みは言葉にしたり、外から見てわかるような行動には表れないこともありますが、多かれ少なかれ、自覚が生まれてくるものです。あまり意識されることは少ないのですが、お子さまにこうした自覚が生まれることが中学受験を志しての収穫のひとつともいえるのです。

受験するということで、本人が自覚して勉強しようという気持ちを持てることは大きなメリットといえます。もし、中学受験を考えなかったとしたなら、こうした意識は生まれようもなかったからです。これは、学習面における伸長につながるのみならず、ものごとに積極的に取り組もうという姿勢となり、小学生として得がたい体験を、入試をとおして得ることができるのです。

### ラストスパートは時間ではなく内容

また、具体的な生活面においても、このラストスパート期には変化が生じてきます。受験生に芽生える「勉強したい」という気持ちから、どうしても夜遅くまで机に向かうことになりがちで、睡眠時間の確保や体力面など、ご家庭のみなさまにとって心配になる状況も多くなることでしょう。原則として、そうした変化が生じたとき、お子さまの「やる気」を評価し、温かく見守りつつ、ほめてあげ、励ましてあげてください。

ただし、あまり夜遅くまで無理をしすぎると、極端に睡眠時間が不足し、体調を崩すことにもなりかねません。

そこで、そうなる前に適切なアドバイスが必要になります。きちんと眠り、集中して学習することが、じつは成績向上への近道であることを、お子さまが理解できるように話してあげていただきたいものです。

ラストスパート期間であるからこそ、学習時間を長く確保することに重点をおかず、その学習内容の質を高めることが大切なポイントなのです。

中学受験においては、あくまで基礎・基本が重視され、一見、応用的でむずかしい問題に見えたとしても、実際には基礎・基本がどこまで身についているかを判断する問題がほとんどです。そして、そうした基礎・基本の定着度が合否にも大きく影響してきます。ですから、この時期以降における学習は、すでに勉強した分野・事項について、自身のなかで整理・確認することが重要となります。これまで勉強してきたことを定着させ、具体的な問題を前にしたときに、それを活用できるようにすることが、最も効果的な学習となります。

この時期以降の学習においては、新たなことのインプットに重きをおくのではなく、必要な内容を適切にアウトプットできるような学習にシフトしていくことが重要です。

そこでは、短時間であってもいいので、集中して取り組み、時間ではなく密度の濃い学習を心がけたいものです。

### プレッシャーはだれもが経験

受験というものは、必然的に「合格」「不合格」をともない、厳しい現実と立ち向かわなければなりません。たとえば、応募倍率が2倍だとすると、受験生の半分は残念な結果とならざるをえません。

となると、だれもが「自分は受かるだろうか」と不安になります。そして、そのプレッシャーは試験日が近づくにつれて、より大きなものとなっていきます。真剣に勉強しているからこそ感じるプレッシャーでもあります。受験勉強は、これだけやったからじゅうぶんだ、とはなかなか思えず、むしろ勉強すればするほど不安になる側面もあるのかもしれません。

そうした精神的な不安は、受験生はもちろんのこととして、周囲で応援するご家族のみなさまにとっても共通なことなのかもしれません。とくに、初めてのお子さまが中学受験にのぞまれる場合には、こうしたご心配も尽きないことでしょう。

しかし、これはだれもが経験する心理状態です。むしろ真正面から全力で取り組んでいるからこそ、不安にもなるのです。「はたして合格できるだろうか」という気持ちになることは、これまで真剣に努力してきた証ともいえるのです。

## 心と身体をリラックスさせよう

こうした精神的プレッシャーから自らを解放するためには、心と身体をリラックスさせる気分転換を心がけていくといいでしょう。なにも、特別なことである必要はありません。家族で近所を散歩したり、家庭内でのレクリエーションを企画したりして、無用なストレスから短時間でもいいので解き放てるような場面を用意していただければと思います。

受験生のお子さまはもちろん、それを支えるご家族が、どんなささいなことであってもいいので、笑顔で楽しく時間を過ごし、リラックスしたようすで過ごすことが、受験生の心と身体の健康に大きくプラスの影響をおよぼします。

具体的には、志望校のオリジナルグッズを入手してみたり、合格祈願にご家族ででかけるなど、勉強以外の行動をなにか企画してみることは、プレッシャーを回避し、さらにモチベーションをあげていく効果的な方法といえます。受験だけに一途となって、追い詰められた心理状態になるのではなく、逆に、ご家族全員で「入試をみんなで楽しもう」というくらいの気持ちになられてはいかがでしょうか。

## 最重要ポイントは体調管理

体調の管理にもご家族の協力が不可欠です。睡眠時間の確保、バランスのとれた食事、規則正しい生活によって、受験生ならびにご家族の身体のコンディションをベストの状態で保つようにしましょう。

そして、意外に忘れやすいことですが、歯の健康にも注意しましょう。虫歯だけは、放置しておいても自然治癒することはありえません。もし、歯に少しでも不安があるようなら、なるべく早めに歯科を訪れ、入試日程を歯医者さんに理解してもらい、適切な治療を受けられるようにしてください。入試直前に歯科治療が必要になると、それだけでも大きな負担となります。

さらに、これから本格的な冬の到来を迎えると、例年、風邪やインフルエンザの大流行が予想されます。

62ページからの病気対策も参考にしながら、家族内でだれも風邪やインフルエンザにかかることがないようにしたいものです。

## 「合格カレンダー」を活用しよう

中学受験は受験生だけではなく、家族全員でのチームプレーです。受験生をサポートするご家族の全員が、受験スケジュールを前もって確認できるように一覧にしておきたいものです。ついうっかり忘れることを防ぐこともできます。

いわば「合格カレンダー」を作成して、受験を迎えるまでのスケジュールをひと目でわかるかたちにしておきましょう。

この「合格カレンダー」には、願書の入手、出願日、出願方法、事前面接がある場合にはその日時、入学試験日などのほかに、入試の付き添い保護者、合格発表日時、合格発表方法(掲示かインターネット、郵送など)も記入しておくと便利です(「合格カレンダー」については77ページ参照)。

## 直前期にある学校主催の「入試問題説明会」に行こう

近年、12月から1月にかけての入試直前期に、多くの学校で「入試問題解説会」が実施されるようになりました。これは、各校の前年度入試問題を教材として、出願のポイントや注意事項などについて受験生を対象として解説されるものです。

この入試問題解説会では、解説の前に実際の入試と同じ時間制限のもと、受験する教室と同じ条件で問題を解く機会が体験できます。

すでに、家で前年の問題を演習で解いていたとしても、受験する学校の教室で問題を解き、その直後に出題側の学校の先生から解説を受けることができるのは大きなメリットです。

出題の意図や、陥りやすいミスなどについても具体的にお話が聞けますので、おおいに参考ともなり、また学習モチベーションもあがります。もし、そうした機会があるなら積極的に活用したいものです。

とくに、解答形式として記述問題が多い場合などにおいては、どのようなことをどのくらいの文章量で書けばいいのかという点について、採点側からの視点で説明があります。また、完全な解答でなかった場合にも、どのような要素が解答に含まれていれば部分点が与えられるのかなどについても説明されます。

年末から年始にかけ、受験生にとって日程的にとても忙しい時期ではありますが、この入試問題解説会は現実的なメリットが数多い機会ですので、ぜひ積極的に参加することをおすすめします。

また、ご家族にとっても、最後の入試行事になります。志望校を最終的にしぼりこめていなかったり、迷っているような場合には、よい判断材料となるのではないでしょうか。

各学校への交通アクセスも入試本番を考慮して再確認することができます。実際の入学試験日には、どのような事態が発生するかわかりません。使用する路線が複数ある場合もありますので、当日、想定外のことが起きたとしてもあわてることがないよう最寄り駅からの道順を含めて、この入試問題解説会の機会に確認しておきましょう。

入試問題解説会が実施されない学校の場合も、受験校や入試会場の下見は、可能であればしておいた方がいいでしょう。

説明会実施の時間帯とは異なり、朝の通勤・通学時間帯は混雑状況や、交通機関の運行状況においてもちがいがあります。また、平日と休日ではダイヤや快速、特急などの運行状況も変わります。

首都圏では、中学入試が実施される時期には降雪することがあり、交通機関が大幅に混乱して、入試実施に影響を与えることもしばしばあります。

現実に、２０１４年には、大学入試時でしたが例年にない大雪で入試開始時間を大幅に遅らせた事例もありました。そうした場合の代替交通機関についても念のため確認しておけば、万が一の場合にも、あわてないですむでしょう。

さらに、学校によっては学校校舎以外の施設を利用して入学試験を実施する場合があります。寮施設のある学校の首都圏入試などの場合には、その会場確認をかならずしておきましょう。

こうした別会場入試では、保護者が試験時間中に待機しているスペースが用意されていなかったり、あっても狭くて入りきれないこともあります。会場付近の待機できる場所を、下見をつうじて探しておくといいでしょう。

## 合格発表後の手続きについて

また、合格発表後、入学手続きを迅

速にしなければならない学校もあります。発表当日もしくは翌日までに指定の費用を納入して入学手続きをすませる必要がある場合もあります。

そうしたとき、学校の近くに金融機関があるかどうか、コンビニエンスストアなどのATM機が利用できるのかどうか、設置されていても、預金引き出しのみの機能で振り込みができない場合もあります。また現金では10万円までしかATMでは振り込みできません。

それぞれの学校の手続きにおいて費用納入が銀行振り込み指定であるか、現金で学校窓口に納入するのかなどについても、事前にきちんと確かめておくといいでしょう。

合格発表の日程は、複数校を受験した場合、近接していることが多く、その場になってあわててしまいがちです。「合格カレンダー」などで、きちんと整理しておくようにしましょう。

## 入学試験日の服装は

入学試験に受験生がどのような服装でのぞむのかは、前もって決めておくといいでしょう。入試だからといって、特別な服装を意識しなくてかまいません。たとえ、面接試験があるとしても、服装によって合否が左右されることはありません（55ページ参照）。

とはいえ、面接が実施される学校の場合、多くの受験生が少し改まった服装でのぞむことが多いようです。とくに女子受験生においては、きちんとした服装をするのがふつうです。

しかし、こうしたものを着用しなければいけないとか、こうするべきだと決まっているわけではありません。当然、服装によって学校側がなんらかの評価をすることもありません。

しかし、受験生心理として、周囲の受験生とあまりにかけ離れた服装であった場合、本人がそのことを必要以上に気にしてしまうことが考えられます。

それが原因で実力をだしきれないという事態だけは避けたいところです。実際はそんなことはないのですが、「私だけ浮いてしまっている」と思うようなことがないようにしたいものです。

では、具体的にはどんな服装がよいのでしょうか。

面接にのぞむ場合、無地か紺色、グレーなどのブレザー、セーター、カーディガン、同系色のズボン、女子ならチェックのスカートなどが一般的です。決まっているわけではなく、多くの場合にこのような服装の受験生が多いというだけです。

すでに受験を終えた知り合いがいれば、どんな服装で入試にのぞんだのか聞いてみるのもいいでしょう。サイズが合うようなら受験期のみその家庭から貸していただいたという例もあるようです。合格した知り合いが身につけたという縁起のよさもあり、そうしたことも受験の知恵のひとつといえます。

また、受験日に着る服は、当日、初めて身につけるということのないようにしましょう。ある程度、服に慣れ、受験生ご本人が違和感のないようにしておくことです。模擬試験や塾にも着ていくなど、着心地を確かめておいた方が無難です。セーターなどの場合、首回りがチクチクしないか、サイズが合っているかなども実際に身につけて確認しておくといいでしょう。

女子の場合には、新しい服や初めて着る服の場合、まれに服に意識がいきすぎて思わぬ失敗をしてしまうこともあります。やはりある程度は着慣れておくことが、平常心で入学試験にのぞむコツです。

こうした服装に関することは、ご家族が少し気配りすることでできることです。受験生へのサポートとして、ぜひ心がけてみてください。

### メガネ着用時の注意

ふだんからメガネを着用している受験生の場合、メガネの度を含めた再確認を早めにしておきましょう。なるべくなら慣れたメガネを使用すべきですが、成長期ということもあり、場合によっては度が進んでいて、現在の目に合っていないことも、ときとしてあります。度の合わないメガネではよく見えないだけでなく、それが原因で実力を発揮できない事態にも発展しかねません。メガネの買い替えが必要な場合には、早めに購入し、新しいものに慣れておくことが必要です。直前になってメガネを新調して、まだ違和感があるうちに入学試験を迎えるということがないようにしたいものです。

なお、この入試直前にメガネからコンタクトレンズへ移行することは慎重に考えた方がよいと思います。成長期でもあり、コンタクトレンズが好ましいかどうか、またコンタクトレンズに身体が慣れるまでに一定期間を要することもありますから、できることならば身体に違和感のない状態で本番にのぞめるようにしたいところです。

メガネを着用している場合には、入学願書に貼付する写真もメガネ着用で撮影するようにしてください。本人確認のための写真であり、学校によっては受験時のメガネ着用での写真を貼付することが明記されていることがあります。

### 早めに入学願書を入手しよう

受験可能生のある学校が定まってきたら、つぎは各校の入学願書を入手して、願書に記入する作業となります。

入学願書は、受験可能性のある学校のものはひととおり手に入れ、なるべくなら早めに入手するに越したことはありません。

気をつけたいのは、お手元にある願書が当該年度のものであるかどうかの確認です。場合によって、早い時期の学校説明会だけに参加して資料をもらってきたような場合、まだ新年度願書が完成しておらず、前年度の願書が参考のために封入されていたというような場合もありえるからです。

願書冒頭の年度表記も学校ごとに微妙にちがうこともあり、なかなか気づきにくい点ですので、注意するようにしてください。

### 願書記入は保護者の役割

中学受験の場合、入学願書は原則的に保護者が記入します。実際、ほとんどの場合において保護者が記入していますし、学校側も保護者が願書を書くことを前提にしているようです。

願書記入時期は、塾の冬期講習が開始される年末でも間に合いますが、首都圏において、千葉県・埼玉県・茨城県の私立中学校および寮のある学校の首都圏入試は1月初旬から順次、実施されていきます。ですから、年末のあわただしい時期に願書を記入することは避けた方がいいでしょう。

願書に貼付する顔写真、小学校の通知表コピー、在籍小学校からの調査書、健康診断書などの添付書類が必要かどうか、受験料は銀行振り込みなのか窓口で現金納入なのかについても学校ごとに異なります。あらかじめ確認しておくようにしてください。

さらに、最近少しずつ登場してきたのが、インターネット出願です。まだ数は少ないのですが、中学入試でネット出願を採用する学校は、今後多くなってくるでしょう。試験前日の夜でも出願できるなど、ぎりぎりまで出願を考えることができるメリットもありますが、ネット出願の場合にもかならず前もって詳細を調べておくようにしましょう。受験料の支払いが可能なクレジットカードがあるかどうか、万が一、ご家庭で使用しているパソコンが不調な場合にどうするか、というようなことも考慮しておくとよいのではないかと思います。

こうした出願のための準備は、併

願校を含めて志願する可能性のある学校すべてについて用意しておくことを忘れないようにしてください。他校の合否結果次第で受験を考えている学校についても、願書記入は直前にするとしても、写真や添付書類等については前もって準備しておき、すぐに対応できるようにしたいものです。

このような出願書類は、保管場所をひとつにまとめておき、どこにしまったのかすぐにわかるようにしておきます。そして各校ごとにクリアファイルなどに収納し、外から見てすぐに内容が判明するように保管しておきましょう。ささいなことですが、とても重要なことです。

願書記入の注意事項と記入の仕方については、46ページから詳しく紹介しています。

## 直前期・試験期の過ごし方

当然ながら、一般に入学試験は朝から実施されます。そして人間の脳は起きたあと、すぐには完全に機能せず、一定時間が経過した後に脳が働く仕組みであることは広く知られています。

そこで、受験生においては、生活パターンを「夜型」から、朝早く起きる「朝型」に移行していくことが望まれます。ただ、人間の身体はすぐには新しい環境や生活パターンに順応できない面もあります。一定期間をかけて徐々に身体を「朝型」にもっていくようにしましょう。

およその目安として、塾の冬期講習が始まる時期から生活のリズムを早寝早起きに移行するのがいいでしょう。

「朝型」の生活パターンとするのは、時間的に朝早く起きることが目的ではありません。脳を働かせるためです。ですから、目が覚めるだけではなく、脳が早く起きたことを実感できるようにしなければなりません。起床後、窓を開けて朝日を身体にあびたり、外気を取り入れるようにするのもひとつです。

さらに、ほんとうに短い時間でかまいませんので、早起きしたら簡単な漢字練習や計算問題を解くなど、頭を働かせる習慣を身につけていきましょう。前夜に学習した理科や社会の暗記事項の再確認でもいいでしょう。

大事なことは、朝の学習でなにをやろうかと迷わないですむように、前もってやるべきことを決めておき、習慣にして短時間の学習を行うことです。

いちおうの目安として、「朝型」への移行は、最終的には入学試験開始時刻の約3時間前には起床できるようにすることが目標です。ただし、睡眠時間はきちんと確保し、脳内に睡眠誘発物質が生成されて眠気が残っているようなことがないようにしなければなりません。

そのためには、就寝時間を早めな

ければなりませんから、たとえ朝に短時間勉強したとしても、少し学習時間が減ることになります。しかし、そのことを心配する必要はありません。これまでにじゅうぶんな学習量を確保してきたのですから、この時期に学習量を気にすることには意味がないからです。

万全のコンディションで入試問題に向かうことがなにより大切なことで、そのために「朝型」に切り替えていくということなのです。

繰り返しになりますが、「朝型」に変えること自体が目的ではないということです。早起きだけに気をとられ、無理をして睡眠時間を削る結果となり体調を崩してしまうようなことがないように、くれぐれも注意しましょう。

### 家族全員でのチームプレーで支える

この時期にもなると、受験生はいっそうナーバスになってもおかしくありません。それは、成績とは関係がなく、小学校6年生の児童が自分の力だけで合否という厳しい現実のともなう入学試験にチャレンジしようとするのですから、不安や心配がうずまいて当然なのです。むしろ、そうした経験ができることが、長い目で見ると中学受験の大きなメリットでもあります。

塾での学習も長時間となりがちで、家族そろって夕食のテーブルを囲む機会も減ってくるのかもしれません。それでも、朝食はなるべく家族みんなで顔を合わせるように工夫したり、さりげなく時事問題を話題にするなど、側面からのご家族のサポートを心がけてください。

そして、保護者のどちらかがふだん仕事などで忙しく、なかなかかかわることができないような場合でも、可能な範囲で中学受験にともに参加する姿をお子さまに見せていただきたいと思います。学校の下見、交通手段の検討、合格発表の確認方法、パソコンの活用など、それぞれ得意な分野で活躍する場面がかならずあります。

中学受験の期間は、その大変さに家族も閉口しがちであるのは事実です。しかし、受験を終え、お子さまが成年したころになって思いだすなら、ある意味で子育ての醍醐味だったと感じられるでしょう。

中学受験の意味のひとつとして、家族全員がチームプレーをして、一体感を現実に感じられる機会を得られる点があります。その一体感こそが、「合格」を得る最大の力となるのです。

### 合格発表にあたって

近年はインターネットをつうじての合格発表が多くなり、各校において入試即日の合格発表をインターネットで実施するようになりつつあります。

試験を受けた当日の夜には結果がわかるのは便利でもあり、また、残念な結果となってしまった場合には、受験生に酷な面もあるのかもしれません。残念ながら思わしくない結果となってしまったとしても、それを気にしすぎることなく、翌日以降の入試に焦点を切り替え、気を取り直してがんばっていくように声をかけ励ましてあげましょう。

第1志望校と縁がなかったとしても、ほかの合格校があるなら、そちらに進学して、新たなスタートを切ることに意味があるともいえます。合格できた学校に縁があったと考え、なるべく早い時期に考え方を変えていくべきです。

### お世話になったかたへの報告も

入学試験の結果を心配して見守ってくださっているかたがたもおられると思います。とくに、長らく指導にあたってこられた塾の先生や学校の担任の先生は、どんな結果になったのか気をもんでおられることでしょう。

塾の先生には、結果が発表されるごとに早めにお知らせした方がいいでしょう。つぎへの適切なアドバイスをいただけることもあるからです。

学校の先生には、ひととおり入試が終了し、進路が決定してからでもいいでしょう。第1志望合格という報告ができないこともあるかもしれませんが、きっとご心配いただいていたはずです。胸を張って、結果をお知らせしましょう。

入学試験の結果は、さまざまなかたちで表れるかもしれません。しかし、結果いかんにとらわれず、どの受験生も努力し、長い期間にわたってがんばってきたはずです。

万が一、思うような結果が得られなかったときこそ、ご家族の出番です。お子さまが受験に全力を尽くしたことを評価してあげ、ほめてあげていただきたいと思います。その努力は賞賛に値するものだからです。

前途あるお子さまの未来を心から応援していただきたいと思います。

直前期

# あわてないための学習の手引き

**入試本番が近づくにつれ、勉強面で「やり残したことがあるのではないか」「まだこんなにすることがある」と不安になる人もいることでしょう。そうならないための「直前期の学習の手引き」をご紹介します。**

## 持ち時間を「見える化」

「直前期」「ラストスパート」という言葉に惑わされず、まずは冷静に持ち時間を「見える化」しましょう。スケジュール帳やカレンダーを使って、ひと目でわかるようにすることをおすすめします。

たとえば1週間型のスケジュール帳を用意して、眠っている時間、学校の時間など、勉強に使えない時間をグレーで消し、塾の授業など決まっている時間を書きこむと、残ったところが持ち時間ということになります。そこを好きな色で塗っておくことで、持ち時間がひと目でわかり、計画を立てたり修正する際のベースになります。

## 「引き算」の発想で学習内容のしぼりこみ

直前期だからといって、なにか特別な学習をする必要はありません。過度に時間をかけすぎることもよくありません。気持ちが焦って雑にならないように心がけましょう。

そのためにも、漠然とテキストを眺めているだけという視覚頼みの学習にならないよう、しっかりと「手を動かす」「声にだす」という学習を心がけてください。そのとき、意識してほしいのは、「これが最後の機会」という気持ちで学習することです。「あとで復習しよう」の「あと」は、もうやってこないと考えて学習にのぞみましょう。

また、模擬試験や過去問の結果を見ると、どうしても苦手なところが気になって、「あれもこれも」という気持ちになりがちです。しかし、これからの時期は、なにかやるべきことを足していくのではなく、これはもうやらない、という決断の必要な時期です。「引き算」の発想で、「これだけはやる」ということを決めていきましょう。

## 「習慣化」で「ぼんやり」を回避しよう

多くの受験生が経験することだと思いますが、なにもしないまま気がつくとその日が終わっていた、ということはありませんか？　これからの時期、やはり停滞は避けたいところですね。停滞の大きな原因は、なにをすればよいのか考えているうちに時間が経ってしまうこと、そして、気の乗らないままぼんやりと学習を進めてしまうことです。

これらを回避するために、1日の学習スタート時間とメニューを固定することをおすすめします。得意教科、単純なもの、短時間(15～20分程度)、手作業を多くともなう学習というのがポイントです。

算数好きなら計算や1行問題が定番で、国語なら漢字などの知識問題や音読。理科や社会なら写真を見て名称を答えるクイズのような問題などがいいでしょう。歯を磨かないと気持ち悪いと思うのと同様に、これが習慣化されると、たとえば朝起きて「計算問題を解かないと気持ち悪い」という感覚を持つようになります。1日のスタートを、はかどる作業から始め、脳を活性化させることで停滞を防ぎましょう。

### 「スキマ時間」を使う工夫

持ち時間を有効活用する方法のひとつが、スキマ時間の活用です。一つひとつは短い時間の学習も、ひとつのことにしぼって集中して取り組めば、大きな効果を持つようになります。朝起きてから学校に行くまでの時間、学校から帰って塾に行くまでの時間、ごはんを食べてからお風呂に入るまでの時間、などの「スキマ時間」を探してみましょう。15分程度の短い時間でも、スキマ時間を最大限に活用するコツは、教材がすぐ取りだせること、あらかじめなにをするかが決まっていること、分量を欲張らないことです。

## 【国　語】

### 「流れ」と「全体」を見通す読み方

論説文も物語文も、全体像をとらえることを習慣づけておきましょう。

論説文では、結論を導きだすまでの流れに注意を払って読みましょう。また、物語文では、登場人物、とくに主人公の心情の変化が描かれています。物語文を読んだあとは、だれをめぐって、なにが起こって、登場人物(主人公)の気持ちがどのように変化したか、ということを書きだしておきましょう。

### 知識は「使える」レベルに

漢字や語句の問題は、丸暗記になりがちです。直前期こそ、丸暗記にせず、ひと手間かけて学習しましょう。まちがえた漢字を、解答を見て何回か書くだけで終わりにしてしまっては非効率です。読めない漢字、書けない漢字などは、意味がわからず言葉として使えていない場合がほとんどです。

慣用句やことわざも同じです。意味を理解しその言葉を用いた例文をつくる、慣用句やことわざなら、具体例をあげたり、ひと言にまとめたりすることをおすすめします。「使える」言葉を増やすことは、記述力の向上にもつながります。

### 積み重ねてきたものに自信を持とう

これからの時期、新しい問題集を買うなど、なにか新しいことを始めるのはおすすめしません。自分がこれまでに習ってきたことや教わってきたことが本番で使えるようになっているかを確認していくことが大切です。とくに、自力でできるかどうかを重視しましょう。

たとえば、逆接の接続詞のうしろにある主張を読み取れているか、「つまり」「要するに」のあとには前に述べたことを抽象化した内容を把握できているかなど、授業で教わってきたことが身についているかどうかを、ていねいに確認していきます。

そのためには、頭のなかで考えるだけでなく、考えの過程をきちんと書き残して確認することが大切です。

## 【算数】

### ちょっとした工夫でミスを減らす

ミスをしない人なんていません。でも、ミスを減らす工夫をするのとしないのとでは大ちがいです。算数では、問題文の読みちがい、計算まちがいが、ミスの代表例。問題文の読みちがいをなくす対策としては、「声にだして読む」「細切れに読む」ことが効果的です。文章を、小さく区切りながら読んでみましょう。

そして、いったいなにが読み取れるのかを確認し（場合によっては、図や表に書きだし）、読み取った情報を整理してみましょう。塾の先生がとなりで聞いていてチェックしてくれるのが理想なのですが、できない場合は、保護者のかたがチェックしてあげてください（まちがえたときは、感情的に指摘せず、あくまでもちがっているポイントを、そっとしめしてあげてください）。

計算ミスがめだつ場合は、もう一度途中式の書き方に注意しましょう。余白にばらばらに書くのではなく、縦に整理して書いているのかをチェックしましょう。

### 苦手分野ばかりに気をとられず得意分野に注力

入学試験は満点を取らなければならないものではありません。ややもすると、このことを忘れがちで、どうしても、足りないところ、できないことにばかり目がいきがちです。しかし、これでは非効率であるばかりでなく、自信をなくすことにもつながります。

冬期講習以降は、取れるものをきちんと取ればそれでいい、というおおらかな気持ちで取り組みましょう。たとえば、立体図形（とくに切断や回転）・規則性などの分野では、どうしても上達しないことがあります。

そこに貴重な時間と労力をつぎこむよりは、思いきってそれらを避け、自分の得意な問題に取り組み、得点源を確実にしていきましょう。問題が解けることの積み重ねは自信につながります。

## 【社会】

### 知識は「まとまり」にする工夫を

社会の入試問題には、知っていれば答えられる単純な問題もありますが、各ことがらの関連性を問われる問題も数多く出題されます。数をこなそうとして一問一答式の問題ばかりに頼りすぎないようにし、「まとまり」をつくって覚えるようにしましょう。

例をあげると、地理分野では地形や気候と産業や暮らしのつながりを白地図にまとめる方法、歴史分野では時代背景・原因→きっかけ→できごと→影響というストーリーをまとめておく方法、公民分野では、制度や仕組みと日常生活や時事的ことがらを結びつける方法があります。

### 記述問題には

近年の社会科の入試問題でも、説

明を書くことを求める問題が増えています。その対策としては、第一に、欲張って書きすぎないこと。長く書こうとして、誤った内容が含まれてしまうという事態は最も避けたいところです。

つぎに、結局なにを答えるのかをかならず確認すること。理由なのか、影響なのか、関係なのか、問題文をていねいに読みましょう。そして、正しい日本語で書くということです。自分の書いた解答を読み返し、日本語として正しいか（主述の関係に誤りがないかなど）を忘れずに確認しましょう。

### 2014年のできごとキーワードをまとめよう

おもにこの1年間で話題になったニュースについて、そのニュースに関連するキーワードを中心に、そのニュースの背景や影響などを、短い文章にしてまとめておきましょう。ニュースとつながりを持つキーワードがあげられるだけでも、大きな力になります。

ウクライナ、スコットランド、富岡製糸場（群馬県）などのように地名がでてきたら、地図で場所を確認することや、意味のわからない用語を調べることも忘れないようにしましょう。

## 【理科】

### 苦手分野をなくそう

たいていの学校の理科の問題は、物理・化学・生物・地学からまんべんなく出題されます。「まったくできない」ほど苦手な分野がひとつあると、ほかで取り返すのはなかなか至難です。極端に苦手な分野をなくしておきましょう。

そのためには、もう一度、基本レベルの知識を確実に自分のものにすることが大切です。あれもこれもと数をこなそうとしすぎるのではなく、確実にわかっている知識を増やすのがポイントです。

### 定番の実験・観察の問題を得点源に

理科の勉強が進んでくると、同じような内容の実験に何度もであいます。見たことのある実験であっても、その記憶だけに頼らず、実験の背景にある知識と合わせて理解を深め、確実な定着をはかりましょう。

逆に、細かな生物の名前など、初めて見ることがらや、まったくイチから覚えないといけないものは、いまから覚える必要はありません。

### 2014年のできごとは関連事項とセットで

いわゆる時事問題対策のポイントは、できごとだけを覚えるのではなく関連することがらといっしょに学習することです。

2014年は、自然災害が多くあった年でした。2月には関東甲信越や東北が大雪に見舞われ、台風や大雨による被害も相次ぎました。また、9月下旬には御嶽山《おんたけさん》の噴火もありました。このほかに、4月の火星の接近や鳥インフルエンザの発生、5月の「だいち2号」の打ち上げ成功、10月の皆既月食などもチェックしておきたいできごとです。

# いまから間に合う
# 公立中高一貫校 受検直前対策

**公立中高一貫校をめざしている受検生、保護者のみなさまは、正直「わからないことがいっぱい」の心境なのではないでしょうか。とくに「秋からは、なにをしたらいいの」、さらには「公立中高一貫校入試ってどうやって合否が決まるの」ととまどっているかたも多いでしょう。しかも公立中高一貫校の適性検査はおとなでも首をひねってしまうような問題が目白押しです。このページでは、そんなみなさまが少しでも安心できるよう、この11月から入試までの間をどう過ごしたらいいのかについて、勉強のヒントもまじえてお届けします。**

## 親子で進撃！適性検査突破への道

公立中高一貫校の受検が迫ってきたいま、保護者のみなさまが取り組まねばならないことは、大きく分けてふたつあります。ひとつは受検生によりそって、過去問のデキの精査など学習面の総まとめ、もうひとつは入学願書提出の準備です。顔写真の撮影などは、まだ日程に余裕があるうちに済ませておきましょう。

### 過去問攻略

**受検校の検査の傾向を知ることが最大の目的**

この時期に入ったら、勉強の中心は「過去問攻略」となります。同じ公立中高一貫校といっても、その適性検査問題には各校それぞれに特徴があります。志望校にまだ迷いがある場合は、もう決めなければ間に合わない時期にきています。過去問に取り組むためにも志望校をしぼりこんでください。

過去の適性検査問題は、各校のHP（ホームページ）で公表されていますので、まずはダウンロードしてみましょう。

すでにご存知かと思いますが、東京都立の10校では、来春の2015年度からの出題に、一定の割合で（同10校による）共同作成問題が含まれます。独自問題はこれまでの各校の過去問が参考になりますが、共同作成問題は初めてのことですので、「どうしたらいいの」というとまどいもあるでしょう。まずは、適性検査のうちのどの大問が、独自問題なのか、共同作成問題になるのかを各校のHPで確認しましょう。

そして共同作成問題のサンプルも各校HPでダウンロードできます。ただ、それぞれの学校で2問程度しか確認できません。10校す

### 直前学習のヒント

**漢字の読み書き**

入試が近づいても、毎日取り組んでほしいのは、漢字の読み書きです。私立中学校の入試のようにむずかしい漢字が現れることはなく、でてくるのは「小学校配当漢字」だけです。ただ、公立中高一貫校の適性検査では、漢字を読んだり書いたりできるだけでは不足です。その漢字の持つ意味から派生した熟語がイメージできてほしいのです。「中」は大中小の意味だけでなく、「中毒」の「中」の意味があり、「的中」の「中」と同じ意味だと反応したいということです。また、漢字から地名や歴史的な人物、事件も浮かんでほしいとこ

べてのHPから共同作成問題をピックアップすることで、その特徴も浮かんできます。

さて過去問は、ダウンロードして印刷、それをお子さまに手渡して終わり、ではなく保護者がまずよく見て検討、分析しましょう。

適性検査は国語、算数、理科、社会を横断的にまとめた融合問題です。表、グラフ、写真などから読み取る内容や、問題文から条件を見抜く力も試されます。国語では出題に対して作文で解答する大問があります。過去問で「なにを答えさせようとしているのか」、その傾向や、作文の字数を確認しておきましょう。

時間がさらに進んで入試前1カ月を過ぎ、直前期に入ったら、過去問をすべてやりなおす時間はありません。

すべてを解き直そうとはせず、解答として求められているのはなにか、そのための条件はなにとなにかについて、親子でいっしょに考えながら、過去問に目をとおしていきましょう。

下欄に、この時期からの学習のヒントをしめしておきましたので参考にしてください。

## 朝型に転換

### 無理をせず徐々に早く起きる習慣を

つぎに直前の時期における生活面についてお話しします。

まず大事なことは、「朝型への転換」です。

公立中高一貫校の検査は、8時半集合、9時開始という場合がほとんどです。

別のページでも述べていますが、人間の脳が活発に働き始めるのは起床後3時間後からと言われています。ですから、受検時には6時ごろには起床する生活を日常化できていなければなりません。

塾に通っているお子さまの場合は、身体が夜型になっていますので、いまから、徐々に早く起きる習慣を身につけていきましょう。無理をすることはありませんが、直前になって急に朝型に切り換えようとすれば、当然無理が生じます。「いまから徐々に」を心がけましょう。

インフルエンザの予防接種も忘れてはなりません。詳しくは62ページからのコーナーであつかっていますが、卵アレルギーがあるなどの問題がなければ、ぜひ受けておきましょう。

インフルエンザの予防接種は、1～4週間をあけて2回接種します（13才以下の場合）。さらにその2週間後から効果がでてきますので、1回目を年内に、2回目を1月に受けるのがよいでしょう（63ページ参照）。

もちろん、お子さまだけではなくご家族も接種すべきです。入試の日、同伴すべきご両親が寝込んでしまっては、安心して試験にのぞめませんし、ご兄妹が罹患《りかん》した場合も同様です。また、虫歯の治療などもいまのうちに済ませておいた方が無難です。検査当日に歯痛で力が発揮できなかった、ではお子さまが気の毒です。

## 親の出番

### 高い倍率の公立一貫校 うまくいかない場合も

さて、入学願書の提出が迫ってきました。公立中高一貫校を受検

ろです。その意味でも受検校近隣の地名は把握しておきましょう。

**計算練習**

計算の練習も毎日取り組んでほしいことのひとつです。

公立中高一貫校の適性検査では、単純な1行問題はない、と言っても過言ではありません。理科や社会と融合させ、表やグラフから読み取った数字を割り算して、%にして比較したりというぐあいです。環境問題や農作物の地域比較などから出題されるため、大きな数字同士や少数同士の計算も必要になってきます。これらは、過去問からひもとく方が「類題」にコンタクトできるでしょう。

**作文対策**

新聞記事には毎日目をとおすようにしましょう。さらに週に1～2回は、コラムや社説、記事を選び、字数を決めて要約したり、要旨をまとめる練習をしましょう。作文の字数は各校で異なりますので、受検校の過去問に則して字数を選びます。字数については読点、句点も1字ですが、いちばん上のマスに読点、句点がきた場合などはどうするのかも、各校によって違いますので、過去問で確認しておきましょう。

する際の心がまえは、すでに固まっているからこその受検なのですが、ここで再確認しておきましょう。公立中高一貫校受検では、1校だけをめざす受検生が殺到します。つまりそれだけ高倍率、それだけ不合格の可能性も高い、ということです。

もし、不合格で近隣の公立中学に通うことになっても「してきた努力はかならず将来役に立つよ」と言える親であってほしいし、つぎに向かって立ち向かうお子さまであってほしいと思います。

12月から1月には出願が始まります。後述しますが、受検校の願書は2部、早めに手配して熟読するようにします。内容を理解してから記入を始めましょう。出願期間もしっかり確認しましょう。

受検校には足を運んだことと思いますが、時間が経っているとしたら再度訪ねて、交通手段、所用時間などを再確認しましょう。

# 「入学者選抜」合否の決定方法

## 重要なのは報告書と適性検査

ではつぎに、公立中高一貫校の入試では、どのようにして合否が決まるのかについてお話しします。


## 「入学者選抜」合否の決定方法

### 重要なのは報告書と適性検査


公立学校の入学試験は、「入学者選抜」と呼ばれます。

公立中高一貫校の出願にあたっては、「入学願書」「報告書（調査書）」、一部の学校では「志願理由書」が必要です。これらの書類様式は都県により、また学校によって異なります。

入学者選抜の当日は、これらの書類に加えて、「適性検査」「面接」「作文」などが実施され、それぞれが点数化され、それぞれ換算されて、その総合成績の結果で合否が判定されます。これらの実施項目は学校によって異なります。

学校によって換算の仕方はちがいますが、大きな比重を占めるのが「報告書」と前述した「適性検査」です。

報告書は小学校の先生にお願いして書いていただくもので、小学校の成績が大きな要素を含んでいることがわかります。

互いに公立の学校ですから、公立小学校で学習や行事、学校での活動に真面目に、真剣に取り組んでいた児童を取りたいというのは自然の流れでしょう。

ですから、ふだんの学校生活での学習、前向きで真摯《しんし》な態度が重要だといえます。

## 報告書

### 報告書は小学校生活を映した鏡のようなもの

報告書は、学校指定の様式（東京都立、神奈川県立は共通）に、小学校の先生に書いてもらいます。

その内容は小学校の「学習の記録」で、おもに5～6年生の成績表を参考にして記されます。

小学校での基礎学力がしっかり身についているか、学校生活に一生懸命取り組んでいるかどうかが焦点となります。

志望校が決まったら、早めに小学校にお願いして、報告書を作成していただきましょう。

中学校側の出願書類の提出は1月が多いのですが、締め切りをよく確認し、それまでに書いてもらう必要があります。

私立中学が調査書を求めることは、最近ではほぼなくなりましたが、公立中高一貫校を受検する児童が非常に多くなり、それだけ先生の負担も大きくなっています。ですから、余裕を持ってお願いし、ゆっくりと書いていただく方がよ

### 各教科の学習の記録

「観点別学習状況」はA・B・Cの３段階、「評定」は３・２・１の３段階で記される。

### 行動の記録

項目ごとに「十分満足できる状況にある」と判断された項目に○がつけられます。

### 特別活動の記録

「十分満足できる状況にある」と判断された項目に○がつけられます。

### 出欠の記録

出席すべき日数と、そのうち欠席した日数が記される。県によっては20日以上の欠席に対し、理由を求めるところもある。

### 総合所見

児童の特徴や特技、学校内外でのボランティア活動、表彰、検定資格などが記入される。

### 総合的な学習の時間の記録

各小学校が定めた評価の観点により、児童の「総合的な学習の時間」における顕著な事項について記入されます。

（様式3）

**報　告　書**

| ※受検番号 | |
|---|---|

（注）①字句を訂正したときは、公印を用いてその旨を明らかにする。
②※印の欄には記入しない。

| 学籍の記録 | | 性別 | | |
|---|---|---|---|---|
| フリガナ | | | 転入学等 | 年　月　編入学 小学校から転学 |
| 児童氏名 | | | | |
| 生年月日 | 年　月　日生 | | 卒業見込 | 年　月　卒業見込 |

各教科の学習の記録

| 教科 | 観点（観点別学習状況） | 5年 | 6年 | 評定 5年 | 評定 6年 |
|---|---|---|---|---|---|
| 国語 | 国語への関心・意欲・態度 | | | | |
| | 話す・聞く能力 | | | | |
| | 書く能力 | | | | |
| | 読む能力 | | | | |
| | 言語についての知識・理解・技能 | | | | |
| 社会 | 社会的事象への関心・意欲・態度 | | | | |
| | 社会的な思考・判断・表現 | | | | |
| | 観察・資料活用の技能 | | | | |
| | 社会的事象についての知識・理解 | | | | |
| 算数 | 算数への関心・意欲・態度 | | | | |
| | 数学的な考え方 | | | | |
| | 数量や図形についての技能 | | | | |
| | 数量や図形についての知識・理解 | | | | |
| 理科 | 自然事象への関心・意欲・態度 | | | | |
| | 科学的な思考・表現 | | | | |
| | 観察・実験の技能 | | | | |
| | 自然事象についての知識・理解 | | | | |
| 音楽 | 音楽への関心・意欲・態度 | | | | |
| | 音楽表現の創意工夫 | | | | |
| | 音楽表現の技能 | | | | |
| | 鑑賞の能力 | | | | |
| 図画工作 | 造形への関心・意欲・態度 | | | | |
| | 発想や構想の能力 | | | | |
| | 創造的な技能 | | | | |
| | 鑑賞の能力 | | | | |
| 家庭 | 家庭生活への関心・意欲・態度 | | | | |
| | 生活を創意工夫する能力 | | | | |
| | 生活の技能 | | | | |
| | 家庭生活についての知識・理解 | | | | |
| 体育 | 運動や健康・安全への関心・意欲・態度 | | | | |
| | 運動や健康・安全についての思考・判断 | | | | |
| | 運動の技能 | | | | |
| | 健康・安全についての知識・理解 | | | | |

外国語活動の記録（第６学年）

| | |
|---|---|
| 観点 | |
| 評価 | |

特別活動の記録

| 内容 | 評価 5年 | 評価 6年 |
|---|---|---|
| 学級活動 | | |
| 児童会活動 | | |
| クラブ活動 | | |
| 学校行事 | | |

行動の記録

| 項目 | 評価 5年 | 評価 6年 |
|---|---|---|
| 基本的な生活習慣 | | |
| 健康・体力の向上 | | |
| 自主・自律 | | |
| 責任感 | | |
| 創意工夫 | | |
| 思いやり・協力 | | |
| 生命尊重・自然愛護 | | |
| 勤労・奉仕 | | |
| 公正・公平 | | |
| 公共心・公徳心 | | |

| 出欠の記録 | | | |
|---|---|---|---|
| | 出席しなければならない日数 | | |
| | 欠席日数 | | |

総合所見

総合的な学習の時間の記録（第６学年）

| | |
|---|---|
| 学習活動 | |
| 観点 | |
| 評価 | |

上記記載事項に相違ありません。

年　月　日

記載者氏名　　㊞（私）

学校所在地　〒

電話番号

学校名《フリガナ》

校長名　　公印

学校コード □□□□□□

（注）学校コード欄には、都内の公立学校のみ公立学校統計調査に使用する6桁の番号を記入する。

東京都立中高一貫校が求めている報告書の様式（東京都教育委員会）

いに決まっています。

報告書の様式は異なるとしても、その内容は都県がちがってもほぼ共通です。

上記の例は、２０１５年度入試で東京都に提出する報告書です（各校ＨＰよりダウンロードできます）。

記入欄のおもな項目は「各教科の学習の記録」「総合的な学習の時間の記録」「特別活動の記録」「行動の記録」「出欠の記録」「総合所見」などです。

「行動の記録」などには不利になる要素は、まずありません。

入学者選抜にとって最もポイントが高く、客観的に記されるのが「各教科の学習の記録」でしょう。他の項目は、合否に大きな影響を与えることはないといっても過言ではありません。

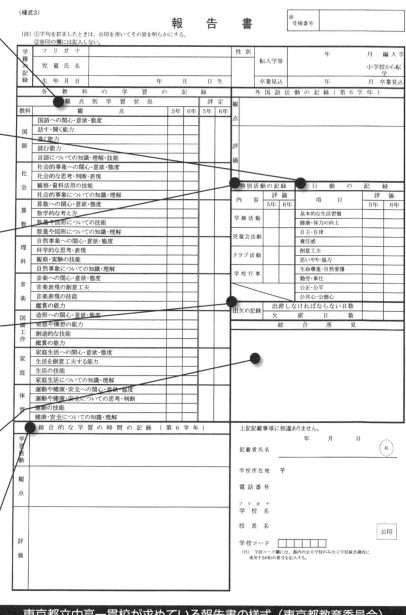

## 志願理由書

### 志願理由書の内容は面接の資料になる

「志願理由書」の提出は、すべての公立中高一貫校で採用されて

（白様式１）

| ※受検番号 | |
|---|---|

志　願　理　由　書

平成27 年　1 月　20 日

東京都立白鷗高等学校附属中学校長　殿《どの》

サクセス　小学校

氏名　早稲田 花子

私が、貴校《きこう》を志願する理由は次のとおりです。

| | |
|---|---|
| 志願する理由 | 私は音楽が大好きです。日本の伝統文化に力を入れている学校なので、日本の伝統音楽の良さを勉強したいです。 |
| ６年間の中高一貫教育《ちゅうこういっかんきょういく》の中で取り組んでいきたいこと | 音楽の授業で三味線を勉強できるのでじょうずにひけるようになりたいです。 |
| 将来の夢や希望 | 音楽をつうじて日本の良いところを世界に紹介する仕事をしたいです。 |

私が、小学校で取り組んできたことは次のとおりです。（第５学年、第６学年の活動を中心に記入すること）

| | |
|---|---|
| 小学校で特に力を入れて取り組んできたこと（○で囲む） | 学級活動　児童会活動　クラブ活動（○）　学校行事（○） |
| その内容及《およ》び白鷗中学校に特に伝えたいこと | 音楽クラブの部長でした。運動会の演奏ではみんなの力がまとまりとてもうれしかった。 |
| 好きな教科（○で囲む） | 国語（○）　社会（○）　算数（○）　理科（○）　音楽（○）　図画工作　家庭（○）　体育 |
| 校外での活動 | 町内会の子どもクラブでリサイクル活動 |
| 趣《しゅ》味《み》や特技 | ピアノ、読書 |

（注意）志願者本人が鉛筆等《えんぴつとう》で、はっきりと書いてください。

2015年度東京都立白鷗高等学校附属中の例（弊誌編集部作成）

**受検番号欄は書かない**

受検番号欄は学校が記入しますので、なにも書きません。受検生本人が書くので、思わず数字などを入れないよう、注意しましょう。

**漢字は正しくていねいに**

漢字を正しくていねいに書きましょう。とくに小学校で習った漢字は送りがなも正しく送りましょう。

**記入欄の8割以上を埋める**

記入欄に書く文字数は８割以上、はみだすことなく埋めましょう。ここでも文字はていねいに。

**がんばったことを具体的に**

小学校でとくに力を入れてきたことについて、具体的に、どんなことをがんばったのかが伝わるように書きましょう。

いるわけではなく、例えば都立中学では小石川中と白鷗高等学校附属中の2校だけで必要です。千代田区立九段中では「入学を希望する理由」と「小学校のときに、力を入れて取り組んできたことで、自分が特に述べておきたいこと」を記入する「志願者カード」があります。2項目だけですから、記入欄が他校より広く設けられており、記入する前になにを書くかよく検討する必要があります。

千葉県立千葉中の「志願理由書」は、都立中学に似た様式ですが、その他の項目に「自己アピール欄」があります。千葉市立稲毛中の「志願理由書」には入学願書と受験票に貼付したものと同じ写真を貼る必要がありますので、写真撮影の際に3枚用意してもらうことを忘れないようにしましょう。

さて、「志願理由書」を首都圏で採用している各校とも、志願者本人が記入することを求めています。このような書類の記入は、小学生本人にとっては初めてという場合がほとんどでしょう。ですから、ここでは親もいっしょに書くという姿勢こそが大切です。

記入する内容についても「なぜこの学校を志望するのか」について、よく家族で話しあっておきましょう。

それだけに、早めの準備が必要です。余裕をもって対応しましょう。また、記入間違いや書き損じはどうしても起こります。コピーによる下書きも必要ですし、願書類は2通取得しておくことも大切です。もしものときには最初から書き直しましょう。ほとんどの学校で、各校のHPからダウンロードできるようになっていますので、それを下書き用に利用するとよいでしょう。

ていねいに、しっかりとした文字で書くことも望まれます。もし、何度も書き直して、子どもの根気が途切れたと感じたら、日を改めた方がよい結果となります。

さて、この志願理由書が合否にどの程度影響するかですが、これはそれほど大きくはない、強いていえばほとんど関係ない、と言ってよいでしょう。

志願理由書を求めている学校は、ほとんどが面接を行っている学校に偏っていることから、面接の際の材料になる資料というとらえ方が適切かと思われます。

## 出願

以上のような提出書類をそろえて、各校が指定する期間中に出願します。

その方法も学校によってさまざまなので注意が必要です。提出書類が多岐にわたる学校もあります。漏れのないようにしましょう。

出願は、郵送のみという学校が多いのですが、窓口持参を認めている学校もあります。それでも午後3時までと窓口閉鎖が早い学校もあります。

郵送についても封筒の大きさを定めている学校、簡易書留で配達日指定にしなければ認めていない学校もあります。

都立の10校は昨年まで、2日だけの配達日指定で送らなければなりませんでした。速達等でその日に届いても「配達日指定」になっていなければ受けつけてくれませんでした。

配達日指定郵便は、指定日の2日前までに郵便局にさしださねばならず、混乱を招くことにもなっていましたが、来年度からの都立10校の出願は1月9日から16日の間に各校指定の郵便局に「局留」で必着させる、という方式に変更になります。

なお、窓口持参を認めている学校の注意点として、書類に不備が指摘された場合には、その場で訂正することになりますので、かならず印鑑を持参してください。

# 鷗《おう》友《ゆう》学《がく》園《えん》女《じょ》子《し》中学校

# 鷗友学園が目指す “グローバル化”とは

**〝グローバル化〟とひと口に言っても、その考え方は様々です。かねてから英語教育に定評がある鷗友学園女子中学校が目指す〝グローバル化〟について、吉野明校長先生にお伺いしました。**

吉野《よしの》 明《あきら》 校長先生

School Data

| | |
|---|---|
| Address | 東京都世田谷区宮坂1-5-30 |
| Tel | 03-3420-0136 |
| Access | 東急世田谷線「宮の坂」徒歩4分、小田急線「経堂」徒歩8分 |
| URL | http://www.ohyu.jp/ |

いま、教育界では〝グローバル化〟が大きなテーマになっています。文部科学省は、「国際社会のなかで、より戦える人材」を学生のうちから育てようとしています。

## 新しいグローバル教育

しかし、本校が考えるグローバル化とはそういうことではありません。もっと草の根的なものです。

例えば国境線があったとしても、その国境線を超えた人と人とのつながり、関係性を大切にする。そのために、国籍や文化が違っても、きちんとコミュニケーションをとり、相手のことを理解し、自分の考え方も伝えていく。そして、お互いの立場がわかったうえで、多少の葛藤、ぶつかりあいがあったとしても、それを乗り越えて、新しいものを一緒につくっていけるような人材を育成することが、〝グローバル化〟、〝グローバル教育〟だと考えているのです。

## 土台としての人間関係を結ぶ力

これまで、本校は高らかにグローバル化を掲げてはいませんでしたが、こうした人材を育てるための教育はずっと行ってきました。

具体的にお話ししますと、30数年前から「カウンセリング」、10数年前から「エンカウンター」、そして昨年からは「アサーション」というプログラムを取り入れています。

中1段階から3つのプログラムを実施するなかで、人の話を聞き、理解し、自分の考えを相手にきちんと、しかも相手の気持ちを考えながら伝える力を養います。人間関係をきっちりと結ぶことがまず国際化の第1歩ではないでしょうか。

## 使える語学力と体験による実践力

もちろん語学力も身につけていきます。本校では中1からオールイングリッシュの授業をずっと行っています。中学3年間で100万語読むことを目標に、原文の童話や絵本を手に取るところからスタートします。生徒たちは、共通語としての英語を「好きで、面白い」という気持ちで学んでくれているので、そうして養った語学力を海外でも使えるようになってくれればいいですね。

実践的に英語を使う場も用意しています。ひとつは、一昨年から参加している韓国のハナ高校で行われている国際シンポジウムです。中国・韓国・シンガポールなどの高校生と、あるテーマのもとでディスカッションなどをするプログラムです。ほかにも、アメリカ留学や、別の国への短期留学などの態勢もこれから整えていく予定です。さらに、できるだけ多くの生徒にそういった場を経験させてあげたいという考えから、イェール大学を訪問し、施設見学や現地の学生とのディスカッションを行うという新たなプログラムも導入しました。

鷗友学園女子は、これまでどおり、人と人との関係づくりがしっかりとできる女性を育てながら、その土台のもとで語学力を身につける〝グローバル化〟を進めていきます。

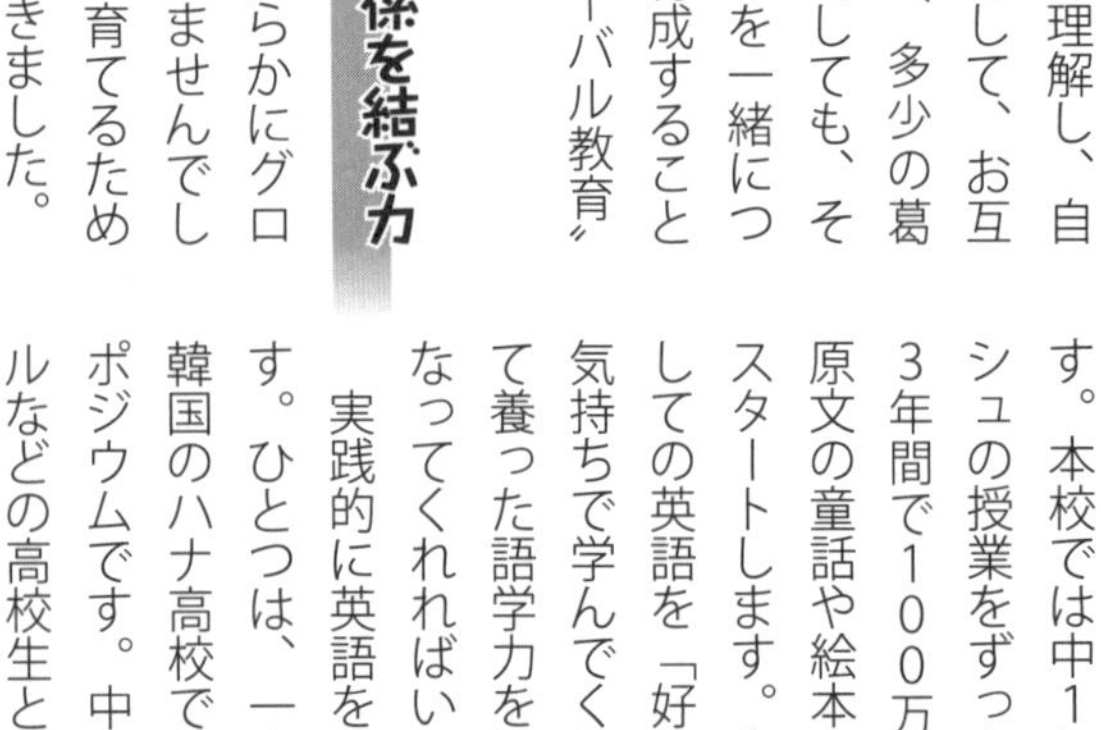

生徒は楽しみながら英語の多読を進めていきます

## お子さまを「合格」に導く

# 入試当日の「声かけ」

**これまで、受験生として精一杯がんばってこられたお子さまの入試本番が近づいてきました。試験当日ともなれば、そんなお子さまに保護者のみなさまもどんな声をかけてあげればいいか迷うこともあるでしょう。そうしたときのために、中学受験の先輩であるお父さま、お母さまの体験談をもとに、お子さまを「合格」に導く「声かけ」について考えていきます。**

### 力をだしきるために ご家族も平常心で

中学入試の当日において、最も大切なことは、お子さまが落ち着いて試験にのぞむことです。心穏やかにリラックスして試験場に送りだしたいものです。そのためにも、ふだんと同じように接していくことが基本となります。お子さまが持てる力を存分に発揮できることを信じて応援していきましょう。これまで努力を続けてきた受験生が、「よし、やるぞ、大丈夫だ！」と自らのモチベーションを高めて試験会場に向かってくれるなら、それで成功です。

とはいえ、試験の日だからといって、特別にちがったことをやったり、朝から入試用の食事を考えるというような必要はいっさいありません。そんなことをすれば、思いとは反対に受験生に無用なプレッシャーを与え、緊張させてしまう結果にもなってしまいます。

さて、当日自宅をでる前や入試会場で保護者と受験生が別れる際に、お子さまにどんな言葉をかけたらいいのか、お迷いのかたも多いだろうと思います。

大切なのは、ご本人がリラックスして入試会場に向かうことができることです。「ふだんどおり」がベストです。

入試にはお母さまが同行し、お父さまは仕事があり玄関で声をかけるという場合もあるでしょう。そんなときのお父さまは「いつもどおりにな」のひと言でもよいのです。また、当日の朝はあわただしく、どんな言葉をかけようかと考えているうちにでかけてしまう場合もあるので、簡単な言葉をメモしておいて、お子さまに渡してもいいでしょう。

ここで大切なことは、つねに周囲のご家族のみなさまも平常心でのぞむことです。そして、笑顔を忘れず、短いひと言でいいので、しっかりとお子さまと視線を合わせ、目を見て声をかけることでしょう。

お子さまは幼いころから、ご家族の温かい愛情に育まれ、ご両親の笑顔がなにものにも代えがたい「安心」となっていたにちがいありません。その笑顔が、入学試験においても大きな応援の力となります。ご家族の笑顔に守られて、いつもと変わらない精神状態で試験会場に向かうことができれば、きっとお子さまも持てる力を存分に発揮することができるのではないでしょうか。

では、具体的にどんな言葉をかけたり、メモに書いて渡したりしたらいいのでしょうか。まずは、それを考えましょう。

「試験問題を楽しんできてね」という声かけをしたかたもおられます。「大丈夫、これまであなたはがんばってきたのだから」と応援されたかたもいます。試験場でなら、「終わったらここで待っているからね」のひと言もお子さまには大きな安心感を与える効果があります。

## 周囲の雰囲気にのまれずゆったりとした気持ちで

さて、入試当日、保護者がどこで受験生と別れることになるのかは、学校によって異なります。心の準備が足りずに、いつのまにか別れてしまい、声をかけられずにお子さまの背中しか見られなかったというかたは、悔いが残るようです。

そこで、事前にどこでどの段階でお子さまと別れるのかを志望校の先輩保護者や塾の先生に確かめておくことも重要です。前もってわかっているだけで安心もでき、効果的な最後のひと言をかけられるだろうからです。

また、入試会場に入る直前には、各進学塾の先生がたが最後の入試応援に駆けつけてきてくださっていることが多くあります。初めての経験で、少し驚くお子さまもおられると思いますが、これまでご指導くださった先生がたの最後のエールです。どの先生もご自身が教えられたお子さまだけでなく、全受験生への応援をされています。

そうした熱い想いを応援の力と感じて試験場に向かうようにしましょう。受験応援の先生方の感想として、「受験生よりも緊張されている保護者が多い」とのお話もあります。付き添われる保護者のみなさまが、まず周囲の雰囲気にのまれることなく、「いつもどおり」「平常心」でのぞんでいただければと思います。

## 満面の英顔で気持ちを支えるアシストを

試験場でお子さまと別れる、その瞬間。お父さま・お母さまは、お子さまの背中を、まさに万感の思いで見送られることでしょう。まだ合否がでているわけでもないのに、受験準備期間の努力や、さまざまな苦労がまさに走馬灯のように脳裏にめぐるのではないかと思います。

同時に、中学入試会場にまでたどりついたその事実に、お子さまの成長を実感する瞬間でもあります。

結果は結果、と割り切って、「今日、すべてをだしきってきなさい」という思いを笑顔に込めましょう。それが最大のアシストとなります。

そして、入学試験を終えたお子さまを、やはり満面の笑顔で迎えてあげてください。試験のできが悪いと思い込んで暗い表情ででてくることもあるかもしれません。それが、お父さま・お母さまの笑顔によって、きっとつぎの試験への自信となって昇華していくにちがいありません。

## 試験中のアドバイスは前日までにすませておく

さて、当日の「声かけ」に最後の

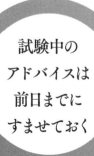

具体的なアドバイスをされたかたもおられます。それは、

「いつもどおりにやるのよ」

「全体をサッと見て、やさしい問題からとりかかりなさい」

「最後の最後まであきらめちゃダメだよ」

「ひとつの科目で失敗しても、つぎの科目でがんばればいいからね」

「むずかしいと思う問題は、ほかの子にとってもむずかしいから気にしないこと」

「満点はいらないのよ。60点とれればいいと思っていきなさい」

などといった具体的な言葉かけです。

しかし、これらすべてを口にだして、当日伝えるわけにもいきません。せいぜい、これらのうちひとつくらいしか言葉にできないでしょう。

あまり多くの細かなことを声にすれば、お子さまは混乱し、無用なプレッシャーにもなりかねません。

だとすれば、試験に際して注意すべきこのようなことは、前日の晩にでも互いに確認しながら声にだしておき、当日の試験場での別れ際には、そのうちのひとつを伝えるだけにした方が効果的であり、昨夜の注意がお子さまの胸によみがえってくるはずです。

これらのことは、お子さまがこれまで受験してきた模擬試験などの経験をとおして学んだことを参考に、事前に箇条書きにしておけばいいと思います。

つぎにその例をあげていきます。

◇

①受験票の番号を確認しながら、受験番号を記入すること。

②試験官の「はじめ/やめ」の指示に確実に従うこと。

③消しゴムや鉛筆を落としたときには、手をあげて指示を受けること。

④机の上には、必要なものだけ置くこと。

⑤最初の1～2分間、問題にざっと目をとおし、できると思える問題からやること。

⑥それぞれの問題にかける時間配分を意識して解き進めること。

⑦落ち着いて問題を読み、どのような条件があり、なにを求められているかを考えてから答えること。

⑧条件や求められていることに線を引いたり、印をつけること。

⑨わからないと思ったら、すぐに気持ちを切り替えて、別の問題に移ること。

④1問終えるごとに時計を確認して、進み具合や時間配分を意識しながら解くこと。

◇

少し考えるだけでも、これほどたくさんのアドバイス例があげられます。これらすべてを伝える必要もありませんが、こうした具体例を参考にして、試験前日にお子さまと話をしておくことで、お子さまも心の準備が整うことでしょう。

当日は、これらのうちから、ひとつを選んで声かけをすればじゅうぶんです。

また、具体的な行動を教えてあげるのも有効です。すなわち、「まず試験教室に入って、自分の席についたら、深呼吸してみよう」というようなことです。そして、試験前日に「深呼吸」をご家庭でやってみることです。

そんな単純なことだけでも、お子さまは落ち着いて実力を発揮できるものなのです。

そうです。入試必勝の秘訣は、「笑顔」です。最後の最後まで笑顔を忘れず、平常心で入学試験を乗りきってください。

みなさまのご健闘を心よりお祈りいたしております。

来年1月の埼玉県、千葉県の私立中学の入学試験解禁まであとわずか。最後の1カ月が入試の成否を決めるといっても過言ではありません。最後の1カ月はとても大切です。保護者も受験生も、息切れすることなく、最後まで全力をだしきり、難関を突破しましょう。そこで、最後の1カ月、そして入試直前、保護者と受験生はどう過ごしたらよいのかについて考えてみました。

# 親と子の直前期の過ごし方

## 本番へのラストスパート

### 1 あと1カ月の生活

あと1カ月になったからといって、新たなことを始める必要はありません。いつものとおりにすることです。学校も塾もいままでどおりでいいと思います。それは、これまでのペースやリズムを大事にするということです。いままで勉強してきた流れのなかで受験できれば、じゅうぶんに実力を発揮できるはずです。

受験生だからといって、特別あつかいすることは感心しません。

「○○は受験だから」などと言って、食事を豪華にしたり、わがままを聞いて、店屋物をとったり、好きなものばかりを与えたり、外食したりするのはやめてください。きょうだいがいれば、差別を受けていると感じさせてしまうし、ひとりっ子だったら、わがままな性格を植えつけてしまいかねません。また、特別あつかいすることで、プレッシャーを与えてしまい、受験に失敗したり、失敗したあとに親子関係がむずかしくなってしまったりすることもありえます。

「受験生だから」という気持ちを抑えて、いつもどおりの生活を維持することがいちばんです。

受験日やその前日に、「出陣式」などと称して、特別なことをする家庭のことを聞いたことがありますが、これもやめた方がいいでしょう。受験前日に特別メニューのごちそうをしたりするのも厳禁です。いやがうえにも緊張感を高め、また、ふだんと異なるメニューのために、お腹の調子を崩す原因

産経新聞編集委員　大野 敏明

産経新聞編集委員。『フジサンケイ　ビジネスアイ』に「がんばれ中学受験」と題して24回の連載記事を執筆。自身も男児ふたりの中学受験に寄り添った経験がある。

にもなります。受験前日は緊張のあまり嘔吐をする子どももいます。子どもの体調の維持に気をつかいましょう。

日常のこれまでの勉強の延長線上で受験するのがいちばんです。

小学校でも同じです。クラスで中学受験をする者が少数の場合、受験生はクラスで孤立する可能性があります。あるいは自分で自分を特異な存在と感じて、精神的に負担になることもあります。しかし、授業も遊びも給食もみんなといっしょにいつもどおりにすることで、精神的な孤立は避けられます。安心感を持つことが大事です。

塾でも、塾仲間をライバルと思うより、情報を交換し、励ましあって、ともに合格をめざす同志と考えた方が安心感が増します。休み時間などは、いっしょに談笑するぐらいになりたいものです。

## 2　あと1カ月の勉強

受験当日まで、勉強のペースを変えないことです。新しい勉強をしたり、試したりしない方がいいです。「この問題集がいいと聞いたから」などといって、新しい問題集をやらせたりする保護者もいますが、考えものです。また、偏差値が伸びないからといって、塾を変えたりするのは厳禁です。子どもに大きなストレスを与えますし、逆効果です。これまでどおりのペースで勉強してください。

受験前1カ月、学校を休んで、家や塾で受験科目だけ勉強させる保護者もいますが、感心しません。学校でいままでどおり過ごし、受験勉強は、これまでやってきたことを見直し、できていないところをチェックして、復習に重点をおいた勉強をおすすめします。できているところではなく、できていないところに重点を置きます。時間がなくなっているわけですから、そこは効率よく勉強することです。

いくらやっても理解が得られない、ということもあります。そういうときは、思いきって捨ててしまうのもアリです。受験は満点でなければ合格しないというものではありません。いかに効率よく、合格点を確保するかということを考え、かつこれまでのペースを維持して勉強することが大事です。

入試そのものは緊張します。まして子どもです。あがり症の子どももいます。緊張すれば記憶力は落ち、覚えていたことがすらすらでてこないこともあります。そこで焦ると悪循環に陥ります。新しいことを覚えるよりも、これまでの記憶が着実によみがえるような勉強をする方が、確実性が高いと思います。

算数でいえば、基本的な掛け算や割り算は、いちいち計算しなくてもいいように暗記されているはずです。それを確認することも重要ですし、国語の漢字の書き取り、読みなども、すぐに思いだせるようにおさらいした方がいいでしょう。最後の1カ月は、復習に重点を置いた勉強を心がけるということです。

## 3　受験前日と当日

受験の前日、学校を休むか休まないか、という問題があります。人によってちがうでしょうが、私個人は第1志望校の前日は学校を休み、午前中は自宅などで勉強し、午後から塾へ行って、士気を高めるのがいいのではと思います。しかし、本人が学校へ行きたいと言えば行かせればいいし、疲れぎみなら、塾には行かずに家でリラックスして勉強をするのもいいでしょう。

受験生には、「最後の最後まであきらめずに全力で。お前ならかならず受かる」と激励することです。ただし、「万が一のことがあっても、それはそれで仕方がない。一生懸命やったことが大事」とつけ加えることも必要です。どんな受験でも、100%合格するということはありません。塾は「絶対合格」とハッパをかけますが、保護者としては万が一のことを念頭に置いた対応が求められます。

　願書の受付が始まると、受験校や塾は毎日、ホームページで倍率を発表します。それを見て一喜一憂することでしょう。しかし、倍率を見て一喜一憂する必要はありません。発表される倍率は実質的な倍率ではないのです。仮にどのような倍率になろうと、偏差値が足りていれば、合格の可能性はじゅうぶんにあります。倍率は気にしなくて大丈夫です。

　精神力だけでは合格しないことはもちろんですが、精神力がなければ合格しないこともまた事実です。保護者も受験生も、自分を奮い立たせてください。

## 4 なんといっても健康第一

　風邪のはやる季節ですから、人が集まる場所にはなるべく行かないことです。学校でインフルエンザがはやっていたら、思いきって学校を休むのもアリです。とにかく、健康第一です。複数受験をする場合、もし、前日や当日に熱がでたりしたら、残念ですが、受験をあきらめる勇気も必要です。そこで休んで、つぎの受験に備えるのです。もし、無理をして受験をさせてこじらせると、その後の受験すべてに響いてきます。第1志望校受験の日に、インフルエンザで高熱がでてしまったら、これまでの苦労が報われません。くれぐれも用心してください。外出時はかならずマスクをし、受験の2週間前くらいからは、学校でもマスクをするくらいの用心深さが必要です。

　保護者のかたは受験会場を事前にチェックしてください。保護者が自宅から受験会場までのルート、時間を計り、当日、絶対に遅刻しないようにしましょう。学校によっては学校以外の受験会場がある場合もあるので、念には念を入れておくことです。受験日まで受験会場に行かない、などということは無謀です。

　当日は早めに受験会場に行くようにしましょう。電車の遅れなど、思わぬアクシデントに備えて早め早めに行動しましょう。早く行った方が、受験生も余裕が持てます。ぎりぎりに到着すると、それだけで精神的にプレッシャーを感じます。

　受験番号はなるべく若いものを取ることをおすすめします。なかには1番を取ろうと徹夜する保護者もいるらしいのですが、いくら若い番号といっても1番はちょっと考えものです。縁起をかついでのことでしょうが、1番を取るために、寒空で徹夜して風邪でもひいたら、受験に大きな影響がでます。受験生だけでなく、保護者も健康管理にはじゅうぶんに気をつけたいものです。また、受験番号が1番だと、「1番の人から教室に入って」などと、受験会場で行動する際、いつも最初に指名されます。これはわずらわしいし、緊張します。

　逆に受験番号があとの方だと、お試し受験や、冷やかし受験、あるいはぎりぎりに受験を決断して願書をだした、第1志望ではない受験生が少なくありません。そういう受験生の多い教室では、緊張感が生まれにくく、やる気を削がれます。全体の3分の1以内ぐらいの番号をとって、第1志望という緊張感のなかで受験することが望ましいのです。

最後まで気を抜かず、合理的に行動していくようにしましょう。

## 5 受験が終わったら

受験生は、第1志望校の受験が終わると、どっと疲れがでます。しかし、まだ他校の受験も控えているでしょう。緊張を持続し、疲労を残さないようにすることです。むずかしいのですが、家に帰ったらリラックスをして、勉強は参考書をめくる程度でいいと思います。終わった試験問題を解き直すといったことはやめた方がいいでしょう。疲れるし、まちがいを発見して気分が落ちこんでやる気をなくしかねません。「試験どうだった」などと聞くのもいけません。受験生本人がいちばんわかっているはずです。終わった試験は忘れることです。

受験を終えた日の夜に、遅くまで勉強する受験生もいますが、じゅうぶんな休養と睡眠が、勉強にまさることは言うまでもありません。

合格発表は、いまはインターネットで見られることが多いのですが、仮に合格が得られなくても、その場で悲嘆にくれたり、騒ぐのは厳禁です。不合格となれば、保護者以上に受験生はショックを受けます。そのときに、親から叱られたりなじられたりしたら、受験生はいたたまれなくなり、心に大きな傷を負います。そうなったら、なんのために受験をしたのかわからなくなります。「じゅうぶんにがんばった。この経験は人生におおいにプラスになる」と心からほめてあげることです。事実、そのとおりになるはずです。

インターネットを使わず、合格を掲示板でのみ発表する学校もあります。その場合、発表を見に行く際は、大きめのカバンなどを持参することをおすすめします。合格者が入学手続きなどを書いた大きな封筒を持っているとき、「自分は不合格だからなんにも持っていない」と、みじめに感じられるものです。そのあたりの気配りも必要でしょう。

不合格だったとき、受験生がいちばん気をつかうのは親に対してです。あれほどやってくれたのに、その思いに応えられなかったと受験生は思うのです。ですから、悲嘆にくれたりせず、淡々とつぎのステップにふみだしましょう。

すべての受験が終わったら、そのときこそ、受験生のわがままをちょっとだけ聞いてあげてください。わずか11、12歳、遊びたいざかりを我慢して勉強したのです。彼ら彼女らは小さな戦士です。結果はなんであれ、その努力はかならずつぎのステップの大きな糧になります。ほんとうはそれがいちばん大事なのであって、そこをじゅうぶんに理解できていれば、これからも充実した人生を送っていけるのではないでしょうか。最後の最後まで気を抜かずにがんばってください。

# 佼成《こうせい》学園《がくえん》女子《じょし》中学校

## PISA型入試の先駆者

**京王線「千歳烏山駅」から徒歩5分、閑静な住宅街の一角に佼成学園女子中学校（以下、佼成女子）はあります。近年、英語教育に力を入れることで難関大学への合格実績を飛躍的に伸ばし、注目を集めています。**

### お得な学校という評価

**「英語の佼成」で進学実績伸長**

佼成女子では、中学の英語で習熟度別少人数授業を行っています。また、英語を楽しく学ぶために、ネイティブの先生による、きめ細かなコミュニケーション（英語漬け）授業や美術・音楽のイマージョン授業、全校あげての「英検まつり」やイングリッシュサマーキャンプを実施。3年生ではニュージーランドへの修学旅行も行われます。さらに3年生の3学期を、まるまるニュージーランドで学べる中期留学プログラムも始動します。

数学は先取りせず、体系的にじっくり学んでいます。授業では、宿題チェック表などの活用で家庭学習習慣をどんどんつけていきます。追試験を合格するまで実施しているのも特徴のひとつです。

高校では、ネイティブの先生によるすべて英語だけの授業もあれば、特進留学コースでは「クラスまるごと現地校に分散しての1年間留学」を実施するなど、いまでは「英語の佼成」と呼ばれるような英語教育のメソッドをつくり上げました。

全国でも56校しかない、今年度から文部科学省が指定を始めたスーパーグローバルハイスクールに佼成女子が名を連ねているのも、これまでの「英語の佼成」の実績からすれば、当然の帰結と受け止められています。

さらに中学受験に「英語入試」を取り入れるなど、佼成女子は、まさに女子校の学校改革で先端を走っている学校とも言えるのです。

中学受験時の入り口の偏差値で言えば「入りやすい」のに、出口の進学実績の伸長や英検1級合格が複数出るなど、目を見張らせるものがあり、「入ったら伸ばしてくれるお得な学校」と呼ばれる学校、それが佼成女子です。

### 「PISA型入試」

**世の中に先駆けて実施**

また、佼成女子の入試改革のひとつに、世の中に先駆けて「PISA型入試」という名称の入試を採用したことがあげられます。

これは中学入試をあつかう週刊誌やテレビで毎月のように特集される思い切った入試形態でもあります。

「PISA型入試」とは、簡単に言えば、都立中高一貫校で実施されている「適性検査」と同じタイプの問題で合否を決める入試のことです。

「PISA(Programme for International Student Assessment)」は日本語で言えば「国際学力調査」です。これは「学力の国際評価基準」、あるいは「学力調査のグローバルスタンダード（世界標準）」とも言えます。

従来の学力調査と大きく違うのは、「実生活で直面するさまざまな課題に、知識や技能をどう活用できるか」を評価する点です。

つまり、「学校学習での教科の理解度や定着度」ではなく、「将来、社会生活のなかで発揮できる力をどの程度身につけているか」をみる試験なのです。

このPISAのシステムに基づいてつくられているのが、佼成女子の「PISA型入試」です。

出題形式も、「国語・算数・理科・社会」というような科目別ではなく、「適性検査Ⅰ」「適性検査Ⅱ」という名称です。

ただ、佼成女子では、適性検査Ⅰ（500字の作文がメイン）、適性検査Ⅱ（社会・理科・算数の融合）のほかに、基礎算数・基礎国語（合わせて40分）も実施して、都立の中高一貫校の入試では見極めきれない子どもたちの学力も見ていくところにキメの細かさを感じます。

都立中高一貫校を目指している受験生にとっては、同じ勉強が役に立つわけですから、非常にありがたい入試とも言えます。試験日は2月1日で、都立中高一貫校の試験日に先だって行われますから、試し受験としてだけでなく、併願受験としても大いに利用できる入試というわけです。

## 江川教頭先生に聞く

### 「PISA型入試」はここがポイント

ここで、際だつ佼成女子の入試改革を先導してきた江川昭夫教頭先生に、特に「PISA型入試」について聞いてみました。

**—なぜ「PISA型入試」を導入するに至ったのですか。**

**江川先生**「国際学力調査であるPISAは、いまや学力調査のグローバルスタンダード（世界標準）となっています。すでに国際化教育では先へ先へと進んでいた佼成女子にとって、このPISAの理念を活かした入試は〝最適〟と考えたのです。また、新学習指導要領では、基礎・基本の習得や活用能力の育成などが盛り込まれました。これはまさに、PISAを意識した方向付けですから、私たちの考えの追い風ともなるものでした」

**—佼成女子の「PISA型入試」の内容は、都立中高一貫校の出題とよく似ていますね。**

**江川先生**「実は、都立中高一貫校の適性検査Ⅰ、Ⅱという選抜方法は、PISAを強く意識したつくりになっていますから、本校のPISA型入試と似た内容となるのは当然なのです。ですから、受験生は、本校のこの入試問題に歩調を合わせることで、都立の中高一貫校の適性検査への対応がしやすくなります」

**—従来と同じ形式の入試も実施しているのですね。**

**江川先生**「佼成女子では、PISA型入試を行っていますが、これまでと同じスタイルの入試も実施しています。つまり、受験生が自分に合った入試を選べるようになっているのです」

**—なぜ、いろいろな種類の入試を用意しているのですか。**

**江川先生**「同じタイプの生徒が集まるよりも、さまざまな能力を持った生徒が学校にいた方がお互いを高めあうことができるのではないかと考えているからです。

1教科に秀でている生徒もいれば、応用力がある生徒、総合力がある生徒など、それぞれ違ったタイプの能力が集まり、相乗効果ともいうべき刺激を互いに与えあうことで、真の学力を身につけることができます。それが学校として最適の環境だと信じているからです。ですから、本校のPISA型入試では、適性検査だけではなく、〝基礎算数・基礎国語〟という試験も行い、さらに受験生の力を見定めようと努力しているのです」

江川昭夫 教頭先生

**—「PISA型入試」はその問題をつくる作業も大変でしょう。**

**江川先生**「そうなんです。いろいろな教科の要素が入り込んできますので、多くの先生がたの協力を得て、普通の入試科目なら3カ月で作問できるものが、PISA型入試では8カ月はかかってしまいます」

**—よく考えられた理科の問題や図形問題、そして読解力も問われる、実によくできた出題もありましたね。**

**江川先生**「発想の転換や、問題解決能力、そして自分の考えを簡潔に文章にして人にわかるように説明する力などが必要になってきます」

**—今年は何か変化がありますか。**

**江川先生**「今年は2月1日受験者に対し、答案分析を行ないます。2日には希望される方にアドバイスとして分析結果をお渡しし、3日の都立中高一貫校入試の背中を押してあげたいと考えています」

**—これから佼成女子を目指そうという受験生、また同じような入試形態の都立中高一貫校を目指している受験生にメッセージをお願いします。**

**江川先生**「本校のPISA型入試は、公立中高一貫校対応型となっておりますが、私立の独自性を担保するために基礎算数・基礎国語も受験していただく点も特長です。

佼成女子はこのPISA型入試のフロントランナーとして、さらに研究を重ねてまいります。PISA型入試や公立中高一貫校入試にご興味のある受験生は、ぜひ佼成学園女子中学校の受験もご検討ください」

---

森上's eye

### 見逃せない 難関大学合格実績の伸び

佼成女子は近隣の都立中高一貫校が旗揚げする前から「PISA型入試」を立ち上げ、そのニーズに応えようとしてきました。その努力の成果はこの入試での受験生が増え続けるという形で表れました。もちろん、その背景に、目を見張るような勢いの難関大学合格実績の伸びがあることは見逃せません。

---

**School Data　佼成学園女子中学校**

所在地　東京都世田谷区給田2-1-1

TEL　03-3300-2351

URL　http://www.girls.kosei.ac.jp/

アクセス　京王線「千歳烏山」徒歩6分、小田急線「千歳船橋」バス15分、「成城学園前」バスにて「千歳烏山駅」まで20分

**学校説明会**

11月16日（日）14：00～
12月13日（土）10：00～
1月10日（土）14：00～

**PISA型入試問題学習会**

12月 6日（土）14：00～

**出願直前個別相談会**

1月17日（土）10：00～

■2015年度入試日程

| 試験日 | 区分 | 入試選択パターン |
| --- | --- | --- |
| 2/1（日） | 午前 | 2科・4科、英語型、PISA型 |
| | 午後 | 2科・4科、PISA型 |
| 2/2（月） | 午前 | 2科・4科、英語型 |
| | 午後 | 2科・4科特別奨学生入試 |
| 2/3（火） | 午前 | 2科・4科 |
| | 午後 | |
| 2/5（木） | 午前 | |
| 2/6（金） | 午前 | |

# 願書提出までの5ステップ

入学願書は、志望する学校へ入学したいという意思を伝えるための重要な書類です。中学受験においては、受験生本人ではなく保護者のかたが記入します。ミスなく記入し受験へのいいスタートを切りましょう。

## STEP 1 まずは必要なものを準備しよう

〈必要なものリスト〉

- ☐ 願書
- ☐ 学校案内
- ☐ 筆記用具
- ☐ 印鑑・朱肉
- ☐ 写真

### 〈願書〉

受験が決まっている第1・第2志望の学校だけではなく、受験する可能性のある学校の願書は事前に手に入れておきましょう。志望校の結果によっては、「駆け込み受験」を強いられる場合もありますので、学校説明会やオープンキャンパスなどで各校を訪れた際に、できるかぎりもらうようにしましょう。

### 〈写真〉

スピード写真の可・不可、サイズ、撮影時期など、学校によってそれぞれ指定が異なることがあります。そのため、各校の指示を事前にしっかり確認してから撮影にのぞむことが大切です。また、念のため、願書の作成に必要な枚数よりも多めに用意しておくといいでしょう。

### 〈筆記用具〉

あらかじめ学校から指定された筆記用具があった場合は、それを使用します。とくに指定がなければ、青か黒のボールペン、または万年筆を用いましょう。記入の途中でインクがきれてしまうなどのアクシデントに備えて、準備の段階から同じものを2～3本用意しておくと安心です。

### 〈学校案内〉

他校のものと混同しないよう注意しながら、志望理由などを記入する際、手元に置いて参考にしましょう。

### 〈印鑑・朱肉〉

スタンプ印ではなく、朱肉を使用する印鑑を用意しましょう。もしものときのために訂正印も準備します。

## STEP 2 記入前にすること

### 募集要項を再確認

「願書」とひと口に言っても、記入事項や形式など、学校ごとにさまざまな特徴があります。そのため、まとめて何校ぶんも記入する場合は、混乱してしまいがちです。もう1度募集要項をくまなくチェックしてから書き始めることで、そうしたミスも防ぐことができます。

### コピーした願書で練習

いきなり清書をするとなると、失敗したらどうしようと不安になるものです。そこで、願書をコピーしたものを下書き用として用意し、本番に向けて練習しましょう。下書きの際に、文字の大きさやバランスなども確認することで、本番もスムーズに記入できます。

## STEP 3 さあ、願書を記入しよう

### 心をこめてていねいに

文字の上手さ、きれいさが合否に影響することはありません。それよりも「入学したい」という熱意が伝わるように心をこめて書くことが大切です。読みやすいように、1字1字ていねいな文字で記入していきましょう。

### 文章に統一感を

志望動機などの書くスペースが大きくとられている項目を記入する際は、かならず文体を統一しましょう。「だ・である調」は、読み手にやや高圧的な印象を与える場合がありますので、「です・ます調」での記入がおすすめです。

### 不明な点は学校へ

願書記入中になにかわからないことがでてきた場合は、学校に直接問い合わせましょう。どの学校も親切に教えてくれますし、もちろん、問い合わせたからといって、受験に不利になるということもありません。

### まちがえてもあわてずに

まちがえた箇所には二重線を引き、訂正印を押しましょう。修正テープや修正液の使用を認めていない学校もありますので、これらの使用は避けた方がいいでしょう。募集要項に訂正方法が記載されている場合もあります。

### 余白やはみだしはNG

志望動機などの項目は学校側に熱意を伝えるチャンスです。余白をつくらず、枠を有効活用することで、好印象を与えましょう。ただし、たくさん書きたいことがあるからといって、枠からはみでてしまわないよう注意しましょう。

## ① 受験回

受験回ごとに願書の用紙がちがう場合や、受験科目を選択させる場合があるので、学校ごとによく確認しましょう。

## ② 志願者氏名・ふりがな

氏名は略字などは使わずに、戸籍上の漢字で記入しましょう。ふりがなは、「ふりがな」ならひらがなで、「フリガナ」ならカタカナで記入しましょう。ふりがなの書きもれにはくれぐれも注意しましょう。

## ③ 生年月日

西暦での表記か、元号での表記か注意してください。

## ④ 現住所

志願者本人が現在住んでいる住所を、番地や部屋番号まできちんと記入しましょう。調査書などほかの書類と同じ住所にします。

## ⑤ 写真

スピード写真やスナップ写真ではなく、専門店で撮影した証明写真を使用するようにしましょう。学校によって、サイズや撮影時期などの条件が異なりますので、確認して指定されたとおりにします。念のため、必要枚数よりも多めに準備しておきましょう。写真の裏に氏名と住所を書いておくと、万が一願書からはがれてしまっても安心です。また、眼鏡をかけて受験する場合は眼鏡をかけて撮影しましょう。

## ⑥ 印鑑

押し忘れが多いので注意しましょう。印鑑は朱肉を使用するものを使います。印がかすれないよう、下に台紙などを敷いてからしっかりと押しましょう。

## ⑦ 保護者の現住所

「志願者本人の住所と異なる場合のみ記入」と指示があれば、未記入でかまいません。指示がない場合は、「同上」と記入するか、再度記入しましょう。単身赴任等で住所が異なる場合はその旨を記入します。

## ⑧ 緊急連絡先

受験中のトラブルはもちろん、補欠・追加合格など学校からの緊急連絡時に必要となりますので、確実に連絡が取れるところを書いておくのがポイントです。保護者の勤務先を記入する場合は、会社名・部署名・内線番号まで書いておくと親切でしょう。最近は、携帯電話でもかまわないという学校も増えています。その場合には所有者の氏名と続柄も記入しましょう。

## ⑨ 家族構成

指示がなくても、本人を書く欄がなければ、本人以外の家族を記入するのが一般的です。書く順番は、父、母、兄、姉、弟、妹、祖父、祖母としますが、募集要項のなかに明記されている場合もありますので、指示に従ってください。名字は全員省略せずに書きましょう。また、家族の続柄は志願者本人から見た場合が一般的ですが、まれに保護者から見た続柄を書かせる学校もありますので確認が必要です。

## ⑩ 志願理由

記入例Aのようなアンケート形式や、ある程度の文章量で書かせるなど、学校によって異なります。

## 記入例A

# 入学願書

平成27年度
○○○○中学校

❶ 第1回入試用（試験日2月1日）

受験番号 ※

| | | |
|---|---|---|
| 入学志願者 | ❷ ふりがな | ごう　かく　た　ろう |
| | 氏名 | 合格　太郎 |
| | ❸ 生年月日 | 平成 14 年 5 月 19 日 |
| | ❹ 現住所 | 〒101-0000 東京都千代田区 ○○○ 2-4-2 |
| | 電話 | 03 - 0000 - 5944 |
| | 在籍小学校 | 東京都千代田区立 ○○ 小学校 平成 21 年 4 月 入学 |
| | | 東京都千代田区立 ○○ 小学校 平成 27 年 3 月 卒業見込 |

❺ 写真貼付（縦5cm × 横4cm以内）正面・上半身・脱帽 カラー・白黒いずれも可 裏面に氏名記入

| | | | 年齢 | 志願者との続柄 |
|---|---|---|---|---|
| 保護者 | ふりがな | ごう　かく　すぐる | | |
| | 氏名 | 合格　優　印 ❻ | 45 | 父 |
| | ❼ 現住所 | <志願者と異なる場合のみご記入ください> | | |
| | ❽ 自宅以外の緊急連絡先 | 父の勤務先 03 - 0000 - 1234 株式会社 ○○ 出版 | | |

❾

| 家族・同居人（本人は除く） | 氏名 | 年齢 | 備考 |
|---|---|---|---|
| 保護者 | 合格　優 | 45 | 御校の卒業生です |
| 母 | 合格　秀子 | 42 | |
| 妹 | 合格　桜 | 9 | |
| | | | |
| | | | |

❿

| 志願理由 |
|---|
| (教育方針)・(校風)・大学進学実績・制服・しつけ・施設環境 (家族に卒業生)／在校生がいる・その他（　　　　） |

※この欄の記入は自由です。記入されても合否には一切関係ありません。

| 通っている塾の名前を記入してください。 | |
|---|---|
| ○○○○○○ | |

# 記入例B

| 志願者氏名 | 合格 のぞみ |
|---|---|

⓫

| | | |
|---|---|---|
| 校内活動 | 部活動 | ミニ・バスケットボール部 |
| | クラス・生徒会での役員名 | 学級委員（小4／小5）<br>児童会副会長（小6） |
| 校外活動 | 出場・出品の大会名その成績 | ミニ・バスケットボール K市大会準優勝（小5）<br>全国児童読書感想文コンクール入選（小6）<br>東京都下水道ポスターコンクール佳作（小5） |
| | 学校生活以外の所属団体名および活動内容 | 「多摩川を守る会・少年少女部会」会員<br>地域のボランティアとして多摩川の自然を保持するために流域の清掃活動などを定期的に行っています。 |
| 趣味・特技・資格 | | ピアノ演奏<br>漢字検定3級（小5時に取得） |

⓬ ⓭

| | |
|---|---|
| 志望理由 | 小学校5年生のときから、本人が御校学校説明会やオープンスクールなどに参加させていただきました。そうした折りに在校生のみなさんに接し、「ぜひ、この学校で勉強してみたい」という強い希望をいだくようになりました。両親としても、先生方のお話をお伺いする過程で御校の教育方針に共鳴し、ぜひ娘にこうした良好な教育環境のもとで中学高校時代を過ごさせてやりたいと念願しております（母記入）。 |

## ⓫ 校内活動

書ける範囲でかまわないので、できるだけ記入するようにしましょう。

## ⓬ 校外活動

小1～小6までで該当する活動があれば記入しましょう。

## ⓭ 志願理由

文章は枠からはみださず、なるべく枠を満たすように書きましょう。学校の先生が目をとおすものなので、文体は「です・ます調」にします。入学したい熱意を学校に伝えるべく、学校の教育方針についての共感や、説明会などで学校に足を運んだ際に感じた率直な気持ちを綴ってください。どう書けばいいかわからなくなってしまったときは、その学校のどのようなところがいいと感じたのか思いだしてみましょう。

# 記入例C

⓮

平成27年度○○○○中学校入学願書

第1回入試用（試験日2月1日）

受験番号

| | | |
|---|---|---|
| 志願者 | ふりがな | ごうかく たろう |
| | 氏名 | 合格 太郎 |
| | 生年月日 | 平成 14 年 5 月 19 日 |
| | 現住所 | 〒101－0000<br>東京都千代田区○○○ 2－4－2<br>TEL 03（0000）5944 |
| | 在籍小学校 | 東京都千代田区立○○ 小学校 平成 27 年 3 月 卒業見込 |

写真貼付（縦5cm × 横4cm以内）正面・上半身・脱帽 カラー・白黒いずれも可 裏面に氏名記入

| | | | |
|---|---|---|---|
| 保護者 | ふりがな | ごうかく すぐる | 志願者との続柄 |
| | 氏名 | 合格 優 ㊞ | 父 |
| | 現住所 | <志願者と異なる場合のみご記入ください><br>TEL （ ） | |

| 自宅以外の連絡先 | 連絡先 | | 氏名または勤務先（志願者との関係） |
|---|---|---|---|
| | TEL・携帯 | 03 －0000 －1234 | ○○出版（父） |
| | TEL・携帯 | 090 －0000 －5678 | 秀子（母） |
| | TEL・携帯 | － － | （ ） |

平成27年度

## 受験票

第1回入試用（試験日2月1日）

| | |
|---|---|
| 受験番号 | |
| 氏名 | 合格太郎 |

平成27年1月　日受付

入学試験時間割

| | | |
|---|---|---|
| 1限 | 国語 | 8:45～ 9:35 |
| 2限 | 算数 | 9:50～10:40 |
| 3限 | 社会 | 10:55～11:35 |
| 4限 | 理科 | 11:50～12:30 |

受験上の注意

1. 試験当日この受験票をは必ず持参し、8時20分までに入室すること
2. 合格手続の際は、この受験票が必要が必要です。

○○○○中学校

## ⓮ 切り取り

学校で受付処理がすんだら返却されます。絶対に自分で切り離さないようにしてください。

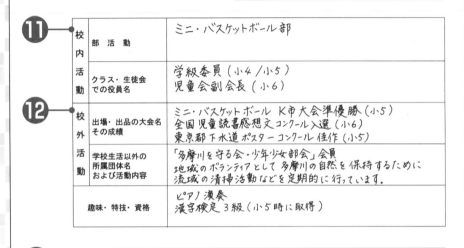

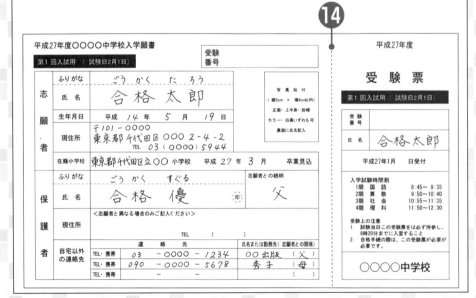

## STEP 4 出願前に念入りな確認を

### 第三者にも確認してもらう

すべての項目の記入が終わったら、提出前の最終確認をします。このとき、記入者本人の念入りな見直しに加えて、第三者の確認も必須です。自分では気づかなかったまちがいが見つかることもありますので、かならず複数の人が確認するようにしましょう。また、捺印もれが意外に多いので気をつけてください。

### 記入が終わったら保管を

面接のある学校では、願書の内容をもとにした質問がなされる場合がありますので、書き終えた願書はコピーをとって保管し、いつでも見返すことができるようにしておきましょう。その際、他校のものと混同してしまわないよう、学校ごとに１枚ずつクリアホルダーや封筒などに入れてわかりやすくしておくといいでしょう。

## STEP 5 いざ、出願!!

### 日程の確認

出願日程も各校ごとにさまざまですので、募集要項をくまなくチェックし、見落としがないように細心の注意を払いましょう。とくに、出願最終日や締め切り時間は入念に確認してください。

### 出願はおもに２パターン

**〈 窓口 〉**

学校の窓口に持参する場合、休日の取り扱いや受付時間などを確認してから提出に向かいましょう。窓口提出のメリットは、その場で願書をチェックしてくれる点です。万が一、記入もれなどがあったときのために、願書記入時に使用した筆記用具・印鑑を忘れずに持参しましょう。また、持参時に使用するクリアホルダーは、他校の名前が大きく書かれたものは避けた方がよいでしょう。

**〈 郵送 〉**

郵送の場合、締め切り日が「必着」なのか、「消印有効」なのかで出願可能期間が変わってきますので、事前によく確認しておきましょう。締め切り直前にあわててしまい、他校の願書を送ってしまったというミスを防ぐためにも、余裕をもって早めに準備しておきましょう。

**願書提出が完了し、受験票が届いたら、あとは本番に向かって突き進もう！**

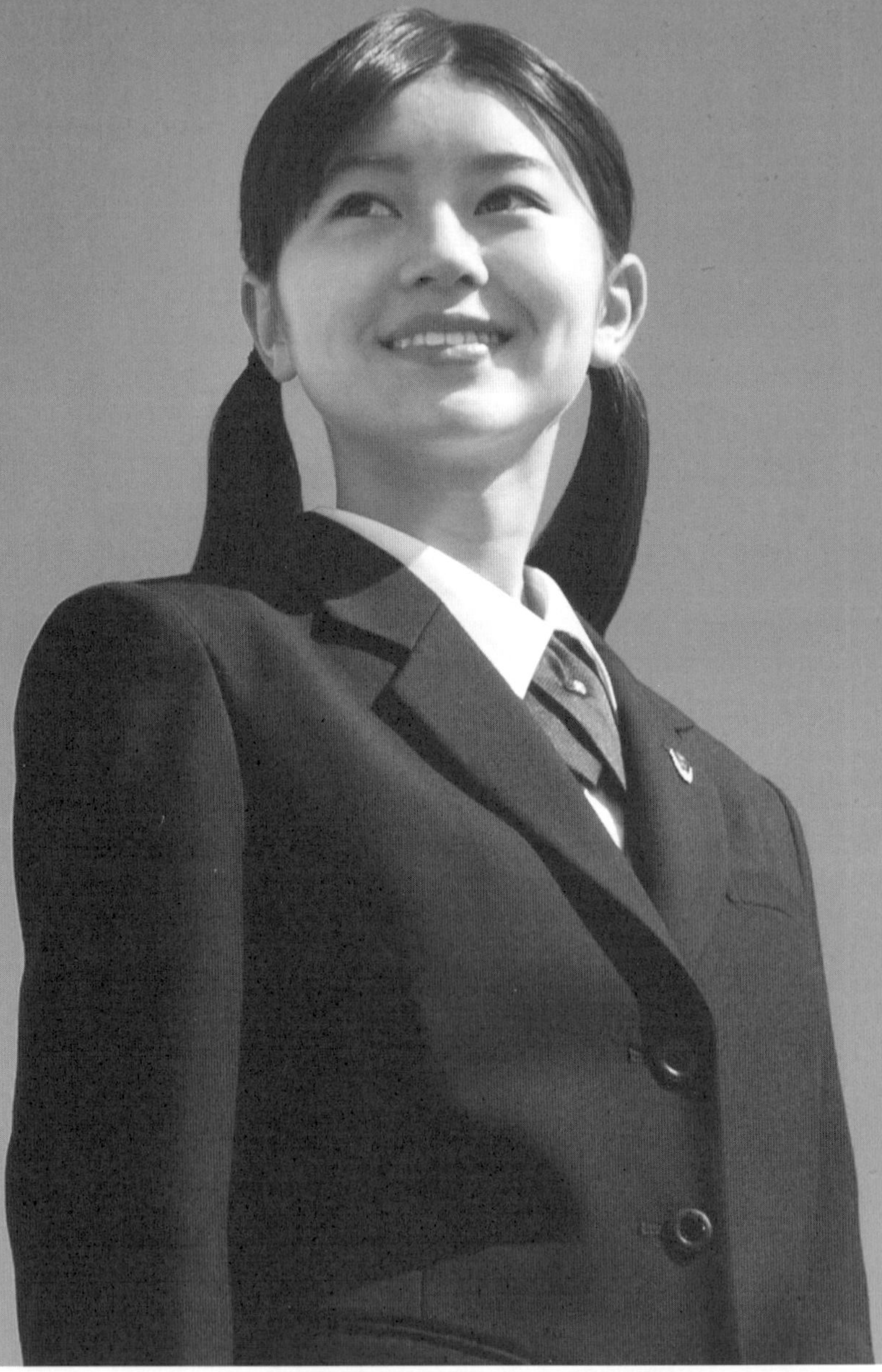

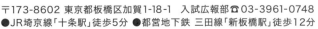

MEISEI

# 世界の星を育てます

中学１年生から英語の多読多聴を実施しています。
また、「わくわく理科実験」で理科の力を伸ばしています。

## 学校説明会

第5回 11月21日(金)
19:00～
[Evening(お仕事帰りにどうぞ)]

第6回 12月13日(土)
14:00～
[小6対象入試問題解説・入試対策授業(要予約)]

第7回 1月17日(土)
15:00～
[小6対象面接リハーサル(要予約)]

※説明会のみのご参加は予約不要です。
※小6対象、模擬試験・入試対策授業、及び面接リハーサルの詳細は、実施1ヶ月前にホームページに掲載されます。

## 学校見学

月～金曜日 9:00～16:00
土曜日 9:00～14:00

※日曜・祝日はお休みです。
※事前のご予約が必要です。

## 2015年度　入試要項

| | 第1回 | 第2回 | 第3回 |
|---|---|---|---|
| 試験日 | 2月1日（日） | 2月2日（月） | 2月4日（水） |
| 募集人員 | 約80名 | 約10名 | 約10名 |
| 試験科目 | 国・算<br>面接（受験生のみ） | 国・算 または<br>国・算・社・理 の選択<br>面接（受験生のみ） | 国・算<br>面接（受験生のみ） |
| 合格発表 | 試験当日　16:00～17:00 | | |

**ご予約、お問い合わせは入学広報室までTEL．FAX．メールでどうぞ**

# 明星中学校

MEISEI

〒183-8531　東京都府中市栄町1－1　入学広報室
TEL 042-368-5201(直通)　FAX 042-368-5872(直通)
(ホームページ)　http://www.meisei.ac.jp/hs/
(E-mail) pass@pr.meisei.ac.jp

交通／京王線「府中駅」
JR中央線／西武線「国分寺駅」
徒歩約20分
またはバス(両駅とも2番乗場) 約7分「明星学苑」下車
JR武蔵野線「北府中駅」より徒歩約15分

Nihon University　Buzan Girls'　Junior High School

# 日本大学豊山女子中学校

私を変えられる，わたしになろう。
＊豊山女子のポイント＊
日本大学付属校で唯一の女子校
大学を身近に感じられる中高大連携教育
茶道・華道など特色ある女子教育
中学で校外学習を年6回実施
高校に都内唯一の理数科を設置
日本大学へ推薦制度あり

## 入試日程

| | | | 募集人員 | 試験科目 |
|---|---|---|---|---|
| 第1回 | 平成27年 | 2月 1日（日） | 70名 | 4科または2科（国・算・社・理）（国・算） |
| 第2回（午後入試） | 平成27年 | 2月 1日（日） | 25名 | 2科（国・算） |
| 第3回（午後入試） | 平成27年 | 2月 2日（月） | 30名 | 2科（国・算） |
| 第4回 | 平成27年 | 2月 5日（木） | 15名 | 4科または2科（国・算・社・理）（国・算） |

※ 詳細は募集要項でご確認ください。

## 学校説明会　保護者・受験生対象

| | | |
|---|---|---|
| 平成26年 | 11月24日（月・振替休日） | 本校講堂　10:00〜 |
| 平成26年 | 12月 6日（土） | 本校講堂　10:00〜 |
| 平成27年 | 1月10日（土） | 本校　10:00〜 |

※ 説明会終了後に個別面談・施設見学ができます。予約の必要はありません。

〒174-0064 東京都板橋区中台3丁目15番1号　TEL・03-3934-2341

http://www.buzan-joshi.hs.nihon-u.ac.jp/

日大豊山女子　検索

access

- 東武東上線「上板橋」駅下車 ………… 徒歩15分
- 都営三田線「志村三丁目」駅下車 …… 徒歩15分

赤羽・練馬より スクールバス運行

赤羽駅 ⟷ 本校バスロータリー　15分

練馬駅 ⟷ 本校バスロータリー　20分

＼これで安心！／

# 面接対策のポイント

**中学入試における面接は減少傾向にありますが、伝統的に面接を実施している学校もあります。お子さまが受験される学校に面接がある場合、身がまえてしまいがちですが、その中身を知れば、必要以上に気負うことはありません。面接についてのポイントをまとめましたので、しっかりと準備をして試験を乗りきりましょう。**

## 中学入試における面接試験の有無

中学入試における合否は、多くの場合、公平かつ客観的な判断ができる学力試験の点数によって決定され、「面接」を実施する学校は少なくなっています。

その背景には、学校側の配慮があるといわれています。多くの受験生は複数の学校を併願するため、そのつど面接があっては受験生や保護者の負担が大きくなってしまうので、そうした負担を軽減しようと考えているのです。

しかし、伝統的なポリシーとして受験生全員に面接を課す学校もあります。すでに確認されていることと思いますが、お子さまの受験する学校に面接があるのかないのか、面接を実施するならば、その結果がどの程度合否に関係するのかをしっかりと把握しておくことが大切です。

では、中学入試で実施される面接とは、いったいどのようなものなのでしょうか。

## 合否を左右するのはあくまで筆記試験

まず、面接時間は、長くても15分程度、短い学校は5分ほどのようです。そして、多くの学校が面接の結果は合否の参考程度としています。つまり、多くの学校では、面接の結果が合否に直接影響するわけではありません。

ではいったいなぜ面接を実施するのかというと、そこには、入学前に学校をもっと知ってほしい、教員と実際に触れあってほしいという学校側の思いがあります。また受験生と学校側が入学前に直接話をすることで、教育効果を高めるという目的もあります。このように、参考程度に面接を行う学校は、受験生をふるいにかけるために面接を実施しているのではけっしてありません。

一方で数は多くありませんが、合否の結果に面接を重視するという学校もあります。しかし、そのような学校でも、あくまで学力試験の結果が合否を大きく左右するといわれています。

面接を重視する場合はもちろん、参考程度とする場合でも、受験生のみなさんにとって、面接は緊張するものだと思います。これは当然のことです。また、ある程度の緊張は表情に真剣さが生まれるので、けっして悪いことではありません。

面接をする先生がたは、できるだけ受験生から話を引きだして受験生の人柄を正しく理解しようと質問をしているのです。先生がたは、いろいろな子どもたちと接してきていますので、お子さまの緊張している姿にも理解をしめしてくれるはずです。ですから、お子さまが人前で話すことが苦手だから、面接は緊張するからと、面接がある学校の受験を避けてしまってはもったいないでしょう。

## しっかり話を聞き 自分の言葉で答える

面接では、どのようなことについて質問されるのでしょうか。内容は各校によって異なりますが、多くの場合、どの学校でも聞かれるのが「志望理由」です。なぜその学校を志望したのかという大切な質問です。志望理由は事前に願書にも記入されていると思いますので、その内容と異なることがないように、かならず願書のコピーをとり面接前に確認しておくといいでしょう。

ほかにも、各校でさまざまな質問がなされますが、多くても5問程度のようです。よく聞かれるとされる質問を59ページにまとめましたので参考にしてください。どの質問も特別なことを聞いているわけではありません。保護者のかたが、日ごろからご家庭で質問例のようなことがらについて、お子さまとよく話すことがいちばんの面接対策になります。

また、学習塾によっては、模擬面接を実施するところもありますので、うまく利用して面接の雰囲気をつかんでおくのもいいでしょう。

ただ、面接でいちばん重要なのは面接官との会話です。用意した答えをきちんと話さなければと焦るあまり、面接官の質問が終わる前に話し始めてしまったり、聞かれていないことを答えてしまわないように注意しましょう。面接官の質問をしっかりと聞いて、落ちついて自分の言葉で話すことが大切です。

内容とともに重要なのが、話し方です。友だちと話すような話し方、語尾を伸ばす話し方は印象がよくありません。こういった言葉づかいは急に直るものではありませんので、日ごろから友だちや保護者と話す場合と、そのほかのおとなと話す場合で言葉づかいを区別するように心がけましょう。また、敬語にもふだんから慣れておくと、面接でも自然と使えるようになります。明るくハキハキと話すようにしましょう。

## 礼儀正しく 落ちついた態度で

面接では、話す内容も大切ですが、控え室での態度や面接中の姿勢にも注意が必要です。

控え室では静かに落ちついて順番を待ち、面接時の案内や注意を聞き逃さないように気をつけてください。面接が終わって控え室に戻ったあとも、これから面接にのぞむほかの受験生のことを考えて静かに行動し、面接の内容について話すことは絶対にやめましょう。

入退室の仕方は学校ごとに異なりますが、基本をおさえておけば大丈夫です。入室時にドアが閉まっている場合は軽くノックをしてから入ります。入ったら、一礼をしてイスの左側まで進み、指示があるまで座らないようにします。面接が終了したら、再びイスの左側に立ち一礼、出口で再度礼をしてから静かに部屋をでます。最初からドアが開いている場合は閉める必要はありません。

面接を受けている間の姿勢のポイントは、イスにあまり深く座らないことです。背もたれに背中がつかない程度に腰かけ、あごを引いて背筋を伸ばし、手は膝のうえに置きます。手をぶらぶらと動かしたり、キョロキョロしていると落ちつきがないように見えますので注意しましょう。

## 面接は清潔感のある 着慣れた服装で

面接試験が実施される場合、「どのような服装で面接にのぞんだらよいのか」「まわりの受験生とちがう格好だったらどうしよう」「どのような服装ならば印象がよいだろうか」とお子さまの服装に悩む保護者のかたも多いようです。しかし、とくに服装を気にしすぎる必要はありません。学校側は服装によって受験生の印象が変わることはないと明言しています。むしろ筆記試験終了後に、わざわざ面接のための服に着替えることの方が不自然だと感じるようです。清潔感のあるごくふつうの服装でかまいません。お子さまがふだん着慣れている服がいいでしょう。

それでも、どうしても気になるというかたもおられるかと思います。男子はセーターにズボン、女子はブレザーにスカートという服装が多いようです。ほかの受験生と服装がちがうことが気になって試験に集中できないようであれば、このような服装にしてもいいかもしれません。受験は寒い時期ですので、暖かい格好であることも大切なポイントです。

## 保護者面接も身がまえず前向きに

中学入試では、受験生だけでなく保護者にも面接を実施する場合があります。また、受験生が複数の「グループ面接」を行う学校もあります。

面接形態は「受験生ひとりのみの面接」「受験生のグループ面接」「受験生＋保護者の面接」「保護者のみの面接」の4種類です。

さて、保護者面接がある場合、保護者の面接によって、お子さまが不合格になってしまうのではないかと心配されるかたが非常に多くおられます。また、面接終了後に「どうしてあんなことを言ったの?」などと子どもに言われてしまったらどうしようとプレッシャーを感じる保護者のかたもいるようです。

しかし、お子さまひとりの面接と同様に、保護者の面接結果も直接合否につながることはありません。

学校側は、保護者のかたと話す機会を設けることで、学校の教育理念を伝えたり、ご家庭の教育方針などをお聞きして、入学後のお子さまの成長につなげたいと考えているのです。ですから、必要以上に身構えず安心して面接にのぞんでください。

各校の入試要項には、「保護者は1名でも可」という趣旨のただし書きがあることも多いです。これは「1名でもいいけれど、2名ならより好ましい」という意味で書かれているわけではありません。その言葉どおり1名でかまわないということです。学校側はたとえ保護者がひとりであっても、ふたりであっても、まったく気にしていません。

質問内容についても、受験生の面接と同様に、特別な質問がなされるわけではありません。

「なぜその学校を志望したのか」や「ご家庭でお子さまを育てられるうえでとくに留意なさっていること」、そして「入学後に学校へ希望すること」など、志望理由や各ご家庭の教育方針、学校への期待などについての質問が中心になります。

あくまで、面接は保護者のかたの意見を聞く機会を設けるという考えのもと実施されているので、特別な回答を要求されているわけではありません。入学された場合に、各ご家庭の期待に応えられる教育を実現できるように、保護者の声を参考にしながら、学校と家庭とが協力して、お子さまの教育にあたっていきたいと考えているのです。

なお、保護者面接がある場合は、出願時に提出する願書やアンケートなどの提出書類のコピーをかならずとり、学校ごとにきちんと整理しておくといいでしょう。面接では、そうした書類に記載された内容について質問されることが少なくないので、面接の前日にはひととおり目をとおし、記載内容と面接での回答内容がずれてしまうことのないように注意しましょう。

保護者の面接も日ごろ思っていることをご自分の言葉で話すことがいちばんです。お子さまが入学する学校の先生たちと入学前に話すことができるのだという前向きな気持ちでのぞんでください。

# 【面接パターン＆質問例】

**最後に、4種類の面接パターンと質問例をまとめました。面接のパターン別に、注意すべき点をあげましたので、お子さまの受験する学校の面接形式をよく確認して本番にのぞんでください。質問例については、ふだんからお子さまとご家庭でよく話すことがいちばんの対策です。**

## パターン①

### 受験生のみ（個人面接）

中学入試で最も多く行われている形が、受験生ひとりに対して面接官1～2名の個人面接です。時間は3～5分程度と短めです。お子さまがひとりでのぞまなければならないので、緊張感も強いとは思いますが、入室方法、イスの座り方など基本的なことをよく確認しておけば、必要以上に緊張することはありません。面接官の質問には明るくハキハキと答えましょう。

## パターン②

### 受験生のみ（グループ面接）

グループ面接は、受験生が3～6名、面接官は2～5名という形が多いようです。ひとりずつ順番に質問され答える形式がほとんどですが、質問に対して挙手制で回答する場合や、討論形式で行われる場合もあります。どの形式でも、ほかの受験生が話している間は邪魔をせずきちんと聞いて、自分の番がきたらしっかりと話すことが大切です。

## パターン③

### 受験生＆保護者

受験生と保護者に対して、面接官は1～3名が一般的です。学校からとくに指示がない場合は、保護者の出席は1名で大丈夫です。このパターンの場合、親子関係を見ているので親子で質問の答えが食いちがわないようにすることと、質問をされた方が答えるということに注意しましょう。お子さまにされた質問に保護者が答えてしまわないように気をつけてください。

## パターン④

### 保護者のみ

面接官は1～2名の場合が多いです。この場合も③と同じくとくに指示がなければ保護者は1名で問題ありません。このパターンでは、受験生の面接と並行して行われることが多いので、志望理由などで異なった回答をしてしまわないように事前に親子でよく話しあっておきましょう。家庭の教育方針や学校の教育方針への理解などを聞かれることが多くなっています。

＼これで安心！／

# 面接対策のポイント

## 【受験生への質問例】

・名前と受験番号を言ってください。
・本校の志望理由を言ってください。
・家から学校に来るまでの経路を簡単に説明してください。
・本校に以前来たことはありますか。
・きょうの筆記試験はできましたか。
・すべての入試が終わったらなにがしたいですか。
・新しいクラスメイトがいると考えて、自己紹介をしてください。
・本校のほかに受験している学校はありますか。
・あなたの小学校の校長先生のお名前をフルネームで言ってください。
・長所と短所を教えてください。
・好きな科目と苦手な科目はなんですか。
・小学校生活で最も印象に残っていることはなんですか。
・小学校で委員会活動をしていましたか。
・最近、気になったニュースはどんなことですか。
・最近、どんな本を読みましたか。
・あなたの尊敬する人物はだれですか。その理由も教えてください。
・あなたが大切にしているものはなんですか。
・地球に優しいことを具体的になにかしたり、心がけていることはありますか。
・将来の夢を教えてください。
・どんなスポーツが好きですか。
・いままでで、いちばんうれしかったこと、悲しかったことはなんですか。
・お母さんの料理で、いちばん好きなものはなんですか。
・おうちで、あなたが担当しているお手伝いがあれば教えてください。
・ピアノを習っているそうですが、好きな曲はなんですか（習いごとがある場合、それに合わせた質問になる）。
・（面接の待ち時間に「絵本」を渡されていて）絵本を読んだ感想と、その絵本の内容を知らない人に紹介してください。
・タイムトラベルができるとしたら、だれとどの時代へ行ってみたいですか。
・クラスでいじめにあっている人がいたら、あなたはどうしますか。

## 【保護者への質問例】

・志望理由について（事前提出の願書やアンケートを見ながら）。
・本校についての印象を教えてください。
・本校のことを、どのようにして知りましたか。
・本校を含めて、なぜ中学受験をお考えになったのですか。
・通学に要する時間（通学経路を含む）はどのくらいですか。
・お子さまの長所と短所をあげてください。
・お子さまの特技はなんですか。
・お子さまの名前の由来はなんですか。
・どんなときにお子さまをほめてあげますか。
・お子さまは大きな病気にかかったことはありますか。
・ご家庭でお子さまをお育てになるうえで、とくに留意されていることはなんですか。
・親子のコミュニケーションでとくに気をつけていることはありますか。
・家族でお休みの日はどのように過ごしていますか。
・家族で最近どこかへ出かけましたか。
・ご家庭でお子さまの果たす役割はどんなことですか。
・家族共通の趣味はなにかありますか。
・ご家庭で決めているルールはなにかありますか。
・中高６カ年教育についてどうお考えですか。
・（キリスト教主義の学校の場合）本校はキリスト教主義の学校ですが、そのことについては賛同していただけますか。
・お子さまの将来について、保護者としてのご希望はありますか。
・本校へのご要望はなにかありますか。

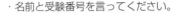

# 開智未来中学・高等学校

開校4年目

## 第2ステージへ「T未来クラス新設」

## 4期生140名入学

### ハイクオリティーで世界水準の学びを実践

開智未来は、これまで開智学園が積み上げてきた教育の成果の上に、さらに「知性と人間を追究する進化系教育開発校」として、新しい教育実践を開発し、その成果を発信して社会に貢献する学校を目指します。

ハイクオリティーな教育の開発として、校長自らが6年間指導に当たる哲学の授業、中1の里山フィールドワークや中3の琵琶湖湖沼フィールドワークなどの環境未来学、未来型知性を育成するICT教育、コミュニケーション型知性を育む学び合い、東大ゼミなど知性を磨く早朝ゼミなどを実践しています。

また、グローバリゼーションをキーワードに、中2のブリテッシュヒルズ英語合宿、高2のワシントンフィールドワーク、希望者によるカリフォルニア大バークレー校へのリーダー養成研修、オーストラリアやニュージーランドへの海外教育研修など、豊富な海外経験を通じ、「国際社会に貢献するリーダー」を育てます。さらに英語速読講座、Tゼミ、飛躍プログラム、英検対策などを該当学年や希望者に実施し、学校全体で「英語力アップ」に努めます。

「長野県飯山での里山フィールドワーク」

### 3つのコースで1人1人をていねいに伸ばす

「T未来・未来クラス」は、より質の高い集団でより質の高い授業を行い、1人1人の能力をさらに伸ばすことを目的としたクラスです。東大を始めとする旧帝大、早慶等、最難関大学進学を目指します。「開智クラス」は、開智未来の充実した教育により1人1人の実力を確実に、ていねいに育てるクラスです。国公立大学、難関私大進学を目指します。また、学年ごとにクラスの入れ替えを行い、開智クラスで入学した1期生の中には、高校1年次で学年のトップレベルの学力まで伸びた生徒もいます。

### 6つの授業姿勢を身体化する

6つの授業姿勢とは、「①授業のねらいを確認する、②主体的にメモを取る、③授業に参加する・反応する、④明瞭な発声・発言・発表をする、⑤意欲的に質問する、⑥学習したことを振り返る」です。開智未来では全員がすべての授業で「ねらい、メモ、反応、発表、質問、振り返る」を暗唱して生徒が意識して学び、教員が意識して授業を行っています。

また、生徒が伸びるためには「教わる」「自ら学ぶ」「学び合う」の3つの学びを

**■入試対策講座**　～未来の入試の対策を練ろう～

| | | |
|---|---|---|
| 11月23日(日) | 10:00～11:25 | 入試問題解説(国算社理) |
| | 11:30～12:00 | 学びのサプリ |
| | 12:00～12:30 | ミニ説明会 |

**■クリスマスサプリ**　～受験へ向けてラストスパート～

| | | |
|---|---|---|
| 12月　6日(土)<br>12月21日(日) | 10:00～11:00 | 国語と算数の問題演習と親サプリ |
| | 11:05～11:55 | 親子サプリ |
| | 12:00～12:30 | ミニ説明会 |

※12月21日は午後13:30からも午前中と同じ内容で開催します。

「琵琶湖フィールドワーク200ページのメモノート」

※加須駅・栗橋駅よりスクールバスを運行します。(時刻表はHPで確認してください。)
自家用車での来場も可能です。上履きを持参ください。

バランスよく行うことが大切です。そこで、授業の中に「自ら学ぶ（思考させる）」と「学び合い」を適度に、適切に取り入れます。

## 関根校長の哲学の授業

開智未来では、関根校長自らが週1時間、「哲学」の授業を行っています。哲学は開智未来の教育の支柱となるよう、各教科の学習や行事などさまざまな教育活動と連動し、学びを統合化します。人間の生き方、価値、社会の課題等を幅広く扱い、開智未来が掲げている「貢献教育」の柱となります。

「人間が育つから学力が伸びる、学力が伸びるから人間が育つ」というサプリの考えに基づき、6年間を通して、「学びのスキル」や「人のために学ぶ志」を育てます。

校長は東京大学で教育哲学を学び、公立高校教員となり51歳で校長の職を辞して開智高等学校校長を2年間務めた後、開智未来中学・高等学校の校長となりました。

毎回の説明会で実施している「小学生サプリ」を体験し、「開智未来で校長先生の哲学を勉強したい！」という小学生も多くいます。

## 朝の学びは開智未来の文化

開智未来の生徒たちは自主的によく学びます。特に朝の始業1時間前には多くの生徒が登校しそれぞれ朝学習を始めます。

大教室の「アカデメイア」では関根校長と机をともに朝から独習する生徒たちが毎日100名以上集います。ルールは1つ、物音を一切出さないことです。

また校内にはオープンスペースの職員室があり、わからないことは気軽に先生に質問できます。廊下や玄関にも机があり、友だち同士机を並べて学習する生徒たちや、「学びあい」をする生徒たちが集まります。

さらに、「東大ゼミ」・「Tゼミ」・「英語速読講座」・「未来ゼミ」・「飛躍プログラム」などを関根校長と教科や学年が連携して実施し、「開智未来の朝」が始まります。

「関根校長自ら行う哲学の授業」

## 開智未来の説明会は小学生目線

開智未来では、「育てる生徒募集」という取り組みを行っています。入学前の説明会から「メモの取り方」や、「頭のよくなる勉強法」などを校長自ら「サプリ講座」として行います。今年も「小学生サプリ」・「親子サプリ」・「受験生の親サプリ」等を説明会参加者に体験していただきました。今後も入試問題解説会、クリスマスサプリと、その時期にふさわしい内容を準備しています。「伸びたい生徒、伸ばしたい教員、伸びてほしいと願っている保護者の気持ちが1つになった学校」それが開智未来のスローガンです。

**【平成27年度入試概要】**

| | 未来選抜1 | 未来選抜2 | 特別選抜1 | 特別選抜2 |
|---|---|---|---|---|
| 試験日 | 1月10日（土） | 1月11日（日） | 1月12日（月） | 1月19日（月） |
| 集合時間 | 14:15 | | | 9:00 |
| 試験科目 | 国語（40分100点）　算数（40分100点）　社会＋理科（40分100点） | | | |
| 試験会場 | さいたまスーパーアリーナ | | | 開智未来中学校 |
| | 開智中学校 | 開智中学校 | 開智未来中学校<br>開智中学校 | |
| 募集定員 | T未来クラス15名<br>未来クラス10名 | T未来クラス10名<br>未来クラス10名<br>開智クラス15名 | T未来クラス若干名<br>未来クラス5名<br>開智クラス30名 | T未来クラス若干名<br>未来クラス10名<br>開智クラス25名 |

本気で伸びたいと思っている人だけに来てほしい

# 開智未来中学・高等学校

【スクールバス案内】

| | | |
|---|---|---|
| JR宇都宮線/東武日光線…………… | 栗橋駅下車 | スクールバス18分 |
| JR宇都宮線………………………… | 古河駅下車 | スクールバス20分 |
| 東武伊勢崎線……………………… | 加須駅下車 | スクールバス25分 |
| 東武伊勢崎線……………………… | 羽生駅下車 | スクールバス40～50分 |
| JR高崎線…………………………… | 鴻巣駅下車 | スクールバス55分 |
| 東武伊勢崎線……………………… | 館林駅下車 | スクールバス35分（27年4月運行開始） |
| 東武日光線………………………… | 柳生駅下車 | 徒歩20分・自転車7分 |

所　在　地　〒349-1212 加須市麦倉1238　http://www.kaichimirai.ed.jp/　ＴＥＬ0280-61-2021

# 万全の体調で試験当日を迎えるために

入試本番まであと少し。試験当日だけでなく、最後の追いこみ期間も万全の体調で過ごしたいものです。しかし、これからの季節はちょっとしたことで体調を崩しやすくなります。気をつけなければならない病気や疾患についての知識・対処法を頭に入れておきましょう。

医療法人社団裕健会理事長　神田クリニック院長　馬渕浩輔

## 気をつけたい病気とその対処法

### No.1 インフルエンザ

毎年12～3月に流行するインフルエンザは、受験生やそのご家族にとって最も避けたい病気の筆頭です。

インフルエンザとは、インフルエンザウイルスによって引き起こされる病気です。A型（ソ連型・香港型）、B型、C型、新型に分類することができ、このうち大きな流行を起こすのがA型（ソ連型・香港型）、B型、新型で、C型は多くの場合軽症です。

インフルエンザと風邪との大きなちがいは、急激な発熱があるかないかです。38度以上の高熱に加えて、悪寒や激しい関節痛などの全身症状が見られます。適切に治療を行わないと1週間ほど熱がつづくうえ、悪化すると、さまざまな合併症を引き起こす可能性があるので要注意です。

#### 潜伏期

インフルエンザの潜伏期は1～4日程度と言われており、発症から48時間以内に抗インフルエンザ薬を投与することで、症状を大きく改善できます。熱に関しては、2～3日で下がることがほとんどです。急な発熱があった場合には、できるだけ早い時期に医療機関を受診するようにしましょう。

#### 治療法

もし発症から48時間を超えてしまったときでも、かならず医療機関を受診してください。強く症状がでている場合、受診先の医師が必要と判断すれば抗インフルエンザ薬を投与することもあります。使わなくても、症状を和らげるなどの治療が中心となりますので、そうした場合も医師の指示に従いましょう。

症状のなかでも、のどの痛みや発熱は、薬局などで購入できる市販薬で緩和できますが、それでは根本的な治療にはなりません。

また、発症し、寝込んでしまっているときでも食事を欠かさないことが大切です。きちんと食事をとらなければ免疫力が低下し、結果としてウイルスを身体から追いだす力も弱くなってしまいます。

### 投薬

抗インフルエンザ薬としてよく知られているものに「タミフル」があります。以前、服用後の異常行動や副作用などで問題となったことがありましたが、現在では、若い人のインフルエンザ治療には、タミフルよりも吸入タイプの「リレンザ」や「イナビル」といったものが主流となっています。

2009年から使われるようになったイナビルは、1回吸入すればいいというものです。リレンザは5日間吸入しなければならなかったのですが、イナビルだと1度ですむうえに、吸入も中学受験をする小学生であれば、問題なくできるものです。これまでのところ、副作用についての大きな報告もとくにないため、イナビルを使うことが多くなっています。

### 予防ワクチン

インフルエンザの予防に最も効果的とされているのがワクチンの接種です。近ごろは、A・B・新型の3種混合のワクチンを接種することができますので、新型に対して改めて摂種する必要はなくなっています。ただ、13歳以下のお子さんについては免疫力が低いため、2回打つ必要があります。

また、ワクチンは接種してから効果がでるまでに約2週間、そして有効期間は約5カ月と言われています。ですから、受験を予定されているご家庭では、年内のできるだけ早いうちに1回目を、年が明けた1月に2回目を打つのがよいでしょう。

### 完治の目安

インフルエンザは完治するまでに、原則的には発症翌日から7日間、そして解熱後2日間かかるとされています。発症後、早めに処置を行って抗インフルエンザ薬を使用することで、2～3日で解熱ができ、その後、関節痛もとれてきます。ただ、それで全快と考えて気軽に外出することは控えた方がいいと思います。なぜなら、イナビルなどの抗インフルエンザ薬を使用すると、ウイルスは急速に減りますが、「ゼロ」になるわけではないからです。菌はまだ残っているので、その状態で外出すると、インフルエンザの菌をまき散らすことになります。

### ここに気をつけて！

インフルエンザによる高熱を下げようとするときに気をつけていただきたいのが、アスピリンやロキソニンといった解熱剤をお子さんに投与することです。副作用として、脳症など脳の問題を引き起こす場合があるのです。けっしてしないようにしてください。どうしても解熱剤が必要ということになれば、その際は医療機関の診断を受け、アセトアミノフェン（商品名：カロナール）などの薬を処方してもらいましょう。

## No.2 風邪

RSウイルスやアデノウイルス、ライノウイルスなどの感染症を総称して風邪症候群と呼びます。これがいわゆる「風邪」です。おもな風邪の症状としては鼻水、鼻づまり、咳《せき》、痰《たん》、のどの痛みなどがあげられます。インフルエンザとはちがい、発熱してもそこまで高熱にはなりませんから、1週間以上こうした症状がつづく場合は別の病気の可能性がでてきます。

このなかでも最近はRSウイルスが流行しています。

RSウイルスは小さなお子さまがかかると、重症化することがときどきあります。受験生の年齢では重症化することはあまりありませんが、咳や発熱がひどいときは医療機関を受診しましょう。

風邪は、インフルエンザとちがい抗ウイルス薬はなく、自然に治ることがほとんどです。かかってしまった場合は、よく身体を休めて睡眠をとり、食事（栄養）もきちんととることが大切です。また、脱水症状にならないように、水分補給を忘れないようにしてください。

## No.3 ウイルス性腸炎

この時期はノロウイルス、ロタウイルス、アデノウイルスなどのウイルスが原因で引き起こされるウイルス性の腸炎にも注意が必要です。

急激な吐き気、おう吐、腹痛、下痢などがおもな症状としてあげられます。

ノロウイルスはカキなどの二枚貝に存在すると言われています。しかし、貝類を食べなければ大丈夫、というわけではないので注意してください。こうしたウイルスは吐物や便器、水道の蛇口などに付着していることが多いので、そういった場所をつねに清潔にしておくことが予防につながります。

## No.4 マイコプラズマ肺炎・百日咳

咳が1～2週間つづくようであれば、マイコプラズマ肺炎や百日咳の可能性があります。こうした場合は、医療機関で診察を受けるようにしてください。

症状としては、乾いた咳がつづくのがおもな症状ですが、微熱をともない、それが長引くこともあります。悪化すると、肺炎や髄膜炎を起こすこともあると言われていますから、やはり要注意です。

## この時期の風邪にかんするQ&A

**Q：どの程度まで市販薬で大丈夫なのでしょうか。**

A：鼻水、咳、痰がでる程度であれば、市販薬でもはじめは問題ないと思います。ただ、2、3日使っても症状がよくならないのであれば、医療機関を受診した方がよいでしょう。

**Q：病院で病気に感染することもあると聞いたのですが。**

A：これからの時期、小児科には多数の患者さんが来院します。ですから、待合室で感染する可能性もあります。

ですから、かなりの高熱であったり、明らかにインフルエンザが疑われるようなときは、まず小児科に連絡して、どういう対策を取った方がよいか相談してみてください。いずれにせよ、医療機関に行く際は、まず電話をしてみましょう。感染予防だけではなく、待ち時間の問題があるからです。こうしたことも医療機関ごとにちがいがありますので、一度は連絡をとってみてください。

**Q：お風呂には入っても大丈夫でしょうか。**

A：高熱がでている場合は避けた方がよいですが、絶対に入ってはいけないということはありません。37度程度の微熱であれば、清潔にするという観点からも、汗を流したりするためにお風呂に入ってもかまいません。ただ長風呂にならないように気をつけましょう。

**Q：水分はとった方がよいですか**

A：脱水症状を起こさないためにも水分補給は欠かすことができません。お子さんの尿の回数が減っていれば、脱水を起こしている可能性があります。ほかにも、尿の色が濃くなってきたら要注意のサインです。見落とさないように注意しましょう。発熱がある場合は、水だけで1日1.5リットルは少なくともとらせましょう。

# すぐにできる予防法

ここまで紹介してきた病気のうち、インフルエンザや風邪は、ウイルスが飛んでくることで感染（飛沫感染と言います）します。ですから、予防のためにはくしゃみや咳をできるだけ直接浴びないようにすることが大切です。学校や、電車などの公共交通機関、そのほかにも人がたくさんいるところで感染することが多いので気をつけましょう。

## 予防法 1 うがい

うがい用に、イソジンなどさまざまなうがい薬が市販されていますが、これらを使わなければいけないということはなく、じつは真水でもじゅうぶん効果があります。いずれにせよ、帰宅時にはうがいをする習慣をしっかりとつけましょう。

## 予防法 2 手洗い

外出先ではいろいろなものを触りますから、手指に菌がつくのを防ぐことはできません。そのぶん、手洗いをする際に指や手のひらといった大きな部分だけではなく、指と指の間なども忘れずきちんと洗うということが大切です。

## 予防法 3 マスクをする

ウイルスはとても小さいので、マスクの穴をとおることもありますが、直接飛沫を浴びることを防げます。また、インフルエンザのウイルスは乾燥しているところを好むため、マスクをすることでのどの湿度をあげ、その予防にもなります。

## 予防法 4 タオルを共有しない

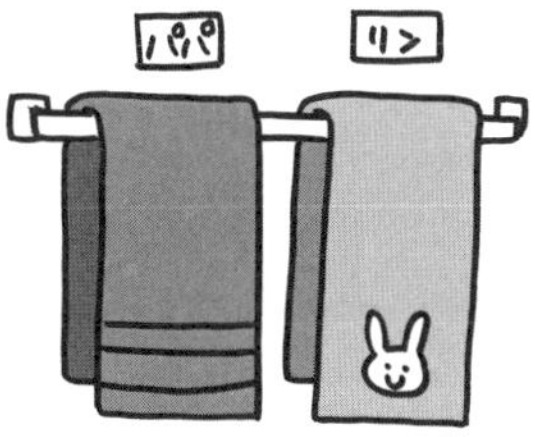


ご家庭でうがいや手洗いをしたあとは、タオルを共有せず、ペーパータオルを使ったり、個人的にタオルを用意して使うようにしましょう。見落としがちですが、タオルを共有することによって家族内で感染することもあるからです。

## 予防法 5 加 湿

鼻やのどの粘膜が乾くと、ウイルスなどを防ぐ身体の働きが弱まってしまいます。とくに空気が乾燥するこの季節は、それを防ぐためにも、加湿機を使ったり、室内に洗濯物を干したり、水を張ったりと、ご家庭で工夫して加湿をしてください。

「私」と向き合ってくれる
先生と出会いました

# 学ぶ楽しさ　輝く自分

- 適性Ⅰ・Ⅱ 各50分 各100点満点
- 成績優秀者には特待制度あり
- 当日発表19:30～
- 入学手続き2月11日(祝)16:00まで
- 出願期間 1月20日（火）～2月1日（日）まで

2015年
**2月1日（日）**
15:00～

学校法人　日本文華学園
**文華女子中学校**

188-0004 東京都西東京市西原町4-5-85
TEL.042-463-2664　FAX.042-463-5300

## 不安にサヨナラ!!

# 入試当日のアドバイス

いよいよ入試本番が近づいてきました。受験生や保護者のみなさんのなかには、
入試に関してさまざまな不安を抱えている人もいるのではないでしょうか。
そんなみなさんの不安を解消するべく、これまでに多く寄せられてきた
入試当日のお悩みに対するアドバイスをご紹介します。

## 1

**Q** 夜型の生活をしていて朝早く起きられないのですが…

**A** 徐々に「朝型」の生活に変えていきましょう

脳が活発に働き始めるのは、一般的に起床3時間後といわれているため、逆算して、試験が始まる3時間前には起きていたいものです。

しかし、いくら試験開始3時間前に起きたとしても、睡眠をきちんととっていなければ、思うように実力を発揮できません。とくにふだん「夜型」だと、当日無理に早起きをすることになり、頭が働かない状態で試験にのぞむことになりかねません。そうならないためにも当日もいつもの生活と同じ時間帯に起床することが望ましいので、冬期講習が始まるあたりから「朝型」の生活にシフトしていきましょう。すぐに生活習慣を変えるのはむずかしいと思いますから、まずは毎日少しずつ就寝時間を早めていきましょう。そして、徐々に起床時間も早めていき、当日、爽やかな朝を迎えましょう。

## 2

Q 電車が遅延していたときはどんな行動をとればいい？

### A 遅延証明書の受け取りを忘れずに

公共交通機関を利用する場合、天候などの理由により運行ダイヤが乱れることもありますが、試験開始時刻に間に合わない事態に陥っても、あわてないようにしましょう。別室で時間を繰り下げて受験できるなど、各校とも適切な対応をしてくれます。事前に受験校がどのように対応してくれるのか、調べておくと安心でしょう。

こうした対応は、公共交通機関の遅延にのみ認められることが多いので、電車が遅れたからといって、タクシーや自家用車を使うのは避けましょう。遅延した場合は、駅員が配っている遅延証明書を受け取り、試験会場へ持参してください。

また、そうした事態を想定して、少し早めに家をでることを心がけましょう。集合時間の30分前くらいに到着していると余裕もできるのでおすすめです。

## 3

Q 試験当日は受験生をひとりで行かせるものですか？

### A なるべく保護者が同伴してください

試験に合格して中学生になれば学校にはひとりで通学することになりますが、入学試験の時点では、受験生はまだ小学生です。できることなら保護者のかたがつきそい、いっしょに学校へ向かってください。

当日はふだん慣れていない交通機関を利用しますし、場合によってはおとなでも大変な満員電車に乗車することも考えられますので、受験生だけで会場へ向かうのは不安も大きいでしょう。また、上記にも述べたように、交通機関に遅れが生じるなど、不測の事態に遭遇してしまうこともあります。試験当日はただでさえ不安や緊張も大きいでしょうから、保護者のかたといっしょに会場へ向かうことで、受験生も安心し、過度に緊張することなく、試験にのぞめるでしょう。お子さんをリラックスさせるためにも、ぜひいっしょに登校してください。

## 4

Q 学校まで車で送ってあげたいのですが…

## A 自家用車での送迎は避けるべきです

ほとんどの学校が、「車での登校は控えてほしい」と言っています。受験生のためを思い、「電車での移動は身体に負担がかかるので、できれば車を使いたい」、「父親が仕事を休めたので、自家用車で送ってあげたい」と考える保護者のかたもいらっしゃると思いますが、ここはぐっとこらえてください。

車を使用すると、思わぬ交通渋滞に遭遇してしまうかもしれません。試験当日のこうしたハプニングは、受験生の精神状態にも悪影響をおよぼしかねませんし、学校側も公共交通機関以外での遅れは、遅延理由として認めてくれない場合が多いです。また、よかれと思って友人の受験生を乗せてあげることも絶対に避けてください。もしものときに、取り返しがつきません。試験当日はかならず公共交通機関を利用しましょう。

## 5

Q 体調が悪くなった場合の対応策はなにかありますか？

## A 保健室などの別会場で受験できます

試験に向けて、予防接種を受けたり、風邪の予防をしたりと、細心の注意を払って体調管理をしていたとしても、残念ながら、体調が優れない状態で当日を迎えてしまう受験生も少なからずいるでしょう。そんな受験生のために、多くの学校で保健室などを別会場として用意しています。自ら申しでた場合のほか、咳などがひどくほかの受験生にも影響があると学校側が判断した場合も別の試験室で受験することになります。

保健室などの別室で受験したからといって、試験時間が変更になったり、合否判断に影響がおよぶということはありません。一般の入試を受けたときのように、ほかの受験生と同様に評価されますので、体調を崩している場合は、無理せず申しでて、別室での受験を考えてみましょう。

## 6

Q 休み時間中に
しておくことは？

## A トイレに行ったあとは心を静めて待ちましょう

休み時間は、早めにトイレをすませ、つぎの試験科目のために心の準備をしておきましょう。教科ごとに入試実施形態のちがいもありますが、特別なことをする必要はありません。なお、トイレは混むことも多いので、できるだけ早い段階で行っておきましょう。

顔見知りの友人が同じ学校を受験していた場合、試験内容について話したいこともあるでしょう。しかし、終了した試験の解答が異なっていた場合や、自分が解けなかった問題を相手が解けていた場合など、ダメージを負いかねません。そしてそのダメージがつぎの試験にも悪影響を与えてしまいます。

１科目失敗したなと思っても､つぎの試験があります。気持ちを切り替えてつぎの試験にのぞむためにも、休み時間は１人で気持ちを落ち着ける時間にしましょう。

## 7

Q お弁当をつくる際に
気をつけることは？

## A ふだんと同じ量の食べきれるボリュームで

学校によっては、昼食を挟んで午後にも試験を実施する場合があります。受験生を励ましたい一心で、気合いを入れていつも以上にボリュームのある豪華なお弁当をつくるつもりだ、という保護者のかたもおられるかもしれませんが、あまりおすすめできません。

受験生は極度の緊張感を持って試験にのぞんでいるため、ふだんと同じ量のお弁当でも残してしまう可能性があります。受験生もせっかくつくってくれたお弁当を完食しようとするでしょうから、あまりにも多い分量ですと、胃もたれを引き起こしてしまうかもしれません。

ですから、食べやすく消化のいいものを、いつもより気持ち少なめの分量で入れてあげるといいでしょう。お弁当のほかにも、温かい飲みものを水筒などに入れて持たせてあげると、緊張で冷えた身体も温まります。

## 8

Q 受験生が試験を受けている間、保護者はどこにいるの？

## A 多くの学校で控え室を用意しています

試験会場に受験生を送りだしてから、試験終了まで待機するために、多くの学校では控え室や保護者用のスペースを用意しています。試験開始から終了までは長丁場ですから、保護者も待ち時間を過ごすために、本を持参するなど準備しておきましょう。

一方、控え室が用意されていなかったり、利用できない場合もあります。寮のある地方の私立中学校が、首都圏入試をシティーホテルで行う場合や、受験者数が多く、控え室に入りきらないことが多い公立中高一貫校入試などがそれにあたります。学校によって対応が異なりますので、控え室が用意されている場合は利用し、そうでない場合は他の場所で待機するという臨機応変な行動が必要になります。いずれにしても、試験終了後お子さんとどこで待ち合わせるかを事前に決めておくと安心です。

## 9

Q 午後入試に挑戦しようと思うのですが…

## A 事前に受験生ともよく相談してから決めましょう

午前中に１校ぶん受験をし、午後にもう１校の受験ができるため、１日を有効に活用できるということで、午後入試は大きなメリットがあります。そのため、近年では、午後入試を採用する学校も増加傾向にあります。

そこで気をつけなくてはならないのが、受験生の身体と心の状態です。ただでさえ慣れない公共交通機関で移動することを考えると、１日で２校ぶんの受験は、体力的に厳しいものがあります。また、２校ぶんの緊張を１日で経験することから、精神的にもかなりの負担がかかります。

試験にのぞむのは受験生です。午後入試にチャレンジする場合は、まず、受験生本人とよく相談し、無理なく午後入試にのぞめるか確認しましょう。くれぐれも無理のないスケジュールを組みましょう。

## 10

Q 子どもが試験に失敗したと言って落ちこんでいたら…

## A 力強く励ますことがなによりも大切です

試験が終わったあと、「失敗した」、「落ちたかもしれない」などといって、受験生が落ちこんで帰ってきたら、親も結果を心配して、取り乱してしまうかもしれません。

しかし、合否の結果はまだでていません。受験生が不安な気持ちを抱えているときこそ、保護者のみなさんが、「まだわからないよ。それよりもつぎの試験がんばろう」などと、明るい声で力強く励ましてあげるべきです。

絶対に避けてほしいのが、「家ではできていたのになんでできないの」、「実力はあるのに残念だね」などというネガティブな言葉をかけてしまうことです。もちろん叱るなどもってのほかです。入試はまだ始まったばかりですので、できなかった部分を責めるのではなく、できた部分をほめることで、受験生のプレッシャーを取り除いてあげましょう。

## 11

Q 試験が終わった日はどう過ごすべきですか?

## A 身体を休めることを第一に考えましょう

受験生は緊張した1日を過ごし、心身ともに疲れています。首都圏の中学入試は、いったん始まれば連続的に入試がつづくため、つぎの試験に備えて勉強をしたい気持ちもあるでしょうが、すべての試験を万全な状態でのぞむためにも、まずはリラックスして心と身体を落ちつかせて、疲れを取り除くことが先決です。

勉強をする場合は、翌日の試験の負担にならないよう、気になっていることの再確認をしたり、重要事項をざっと見直したりする程度にとどめておきましょう。この際、終わった試験の復習は最小限にすることです。試験がうまくいかなかったことを悔やむのではなく、つぎの試験に向けての準備の方が大切です。試験当日の夜は、疲れをとり、翌日以降の試験に備える時間だと考えておきましょう。

## 12

Q 当日の夜に行われる合格発表を見てもいいですか？

### A 結果に左右されないよう事前に心がまえを

近ごろ、試験があったその日の夜に、ホームページ上で合格発表をする学校も増えてきました。受験生本人も気になっているでしょうから、ご両親といっしょに確認するのもいいですが、確認後の対応に細心の注意を払ってください。

合格していた場合は、気持ちが高ぶりすぎてなかなか寝つけず、翌日の試験を寝不足で迎えてしまったということもあるでしょうし、不合格だった場合は、必要以上に落ちこんでしまい、その後の試験に対してもネガティブになってしまう、ということも考えられます。どちらの結果にせよ、「終わったことは終わったこと」だと、つぎの試験に目を向けさせることが大切です。スムースに気持ちを切り替えるためにも、発表を見る前に、親子ともども心がまえをしておきましょう。

## 13

Q 万が一受験票を忘れてしまったら？

### A まずはあわてず状況を見極めて

受験票は入学試験においてまず第一に重要なものですが、複数の学校を受験する場合、他校の受験票を持参してしまうことも考えられます。出発後すぐに気づいた場合は、自宅に戻るのもいいですが、すでに電車に乗ってしまった場合などはそのまま会場へ向かいましょう。会場で係の先生に申しでれば、受験が認められることが多いので、焦って自宅に戻ったことで、肝心の試験に遅れたということにならないよう気をつけてください。

受験票を忘れたことで不利益なあつかいを受けたり、まして、それが合否に関係することは絶対にありませんが、落ちついた状態で試験にのぞむためにも、忘れものは避けたいものです。左ページの「持ちものチェックリスト」は、試験当日に必要な持ちものをまとめたものです。受験校ぶんコピーをとって、ぜひ活用してください。

月　　日(　)

中学校用　　受験番号

| 項　目 | 必要 | チェック | 備　　考 |
|---|---|---|---|
| 受験票 | | | 他校のものとまちがえないこと |
| 筆記用具 | | | 鉛筆・ＨＢを６～８本。鉛筆をまとめる輪ゴム。小さな鉛筆削りも。シャープペンシルは芯を確認して２本以上 |
| 消しゴム | | | 良質のものを３個。筆箱とポケット、カバンにも |
| コンパス | | | 指示があればそれに従う |
| 三角定規 | | | 指示があればそれに従う |
| 下じき | | | ほとんど不要。持っていくときは無地のもの |
| 参考書・ノート類 | | | 空いた時間のチェック用。お守りがわりにも |
| 当該校の学校案内 | | | 面接の待ち時間に目をとおしておくとよい |
| メモ帳 | | | 小さなもの。白紙２～３枚でも可 |
| 腕時計 | | | 電池を確認。アラームは鳴らないようにしておく |
| 弁　当 | | | 食べものの汁が流れないように。量も多すぎないように |
| 飲みもの | | | 温かいお茶などがよい |
| 大きな袋 | | | コートなどを入れて足元に |
| ハンカチ | | | ２枚は必要。雨・雪のときはタオル２枚も |
| ティッシュペーパー | | | ポケットとカバンのなか両方に |
| 替えソックス | | | 雨・雪のときの必需品 |
| カバン | | | 紙袋は不可。使い慣れたものを。雨のとき、カバンがすっぽり入るビニール袋も便利 |
| お　金 | | | 交通費等。つき添いだけでなく本人も |
| 交通系ICカード | | | Suica、PASMOなど。バスや電車の乗りかえに便利 |
| 電話番号<br>(なんらかの<br>事態発生時のため) | | | 受験校（　　　　）<br>塾（　　　　）<br>家族携帯（　　　　） |
| 上ばき | | | スリッパは不可。はき慣れたものを |
| 雨　具 | | | 雨天の場合、傘をすっぽり入れられるビニール袋も |
| お守り | | | 必要なら |
| のどあめ | | | 必要なら |
| 携帯電話(保護者) | | | 緊急連絡用。ただし試験場には持ちこまない |
| 願書のコピー<br>(保護者) | | | 面接前にチェック。願書に書いた内容を聞かれることが多い |
| ビニール袋 | | | 下足を入れたりするのに便利 |
| カイロ | | | 使わなくとも持っていれば安心 |
| マスク | | | 風邪の予防には、やっぱりこれ |

＊必要受験校数をコピーしてご利用ください。

# 合格カレンダーをつくろう

中学受験においては、約１週間の間に集中していくつかの学校を受験することになります。ある学校の合格発表日と他校の入試日が重なることも当たり前の現象です。そこで、これらの日程を整理し、ミスを起こさないために便利なのが「合格カレンダー」です。つぎのページに見本をしめしてありますので、ご家族で話しあいながら作成してみてください。

中学受験では、同じ志望校を何回か受けることもありますし、併願校を含めると5回、6回と受験を繰り返すことになります。

学校ごとに出願、入学試験、合格発表、入学手続きの日が設けられ、かぎられた約1週間の間に、つぎつぎとその期限がやってきますので、入試日と他校の合格発表が同じ日に重なることも多くなります。

これらの予定を整理し、理解しておかなければ思わぬアクシデントにつながることもあります。

手続き締め切りそのものを延長する学校なども増えていますが、すべての学校がそうではありません。だれがどう行動するのかということをご家族の間でしっかりと打ち合わせておくことが大切です。

とくに、合格発表日と他校の入学手続き締め切り日が重なる場合は、30分、1時間のうちに結論をだしてつぎの行動に移らなければなりません。

Ａ校の合格発表を見てから、Ｂ校の入学手続き、もしくはＣ校の出願をする予定であったのに、それでは間に合わない、と当日になってあわてるということも起こりかねません。そうしたミスを防ぐためには、入試スケジュールを管理する「合格カレンダー」が役に立ちます。

つぎのページに「合格カレンダー」の見本があります。横軸が時間軸、縦軸が学校別になっています。左ページを拡大コピーして、右ページの見本のように書きこんで使用してください。

パソコンが得意なかたは、Excelなどの表計算ソフトを使ってもいいでしょう。カレンダー作成のソフトもあります。

「合格カレンダー」を作成しておけば、どこの学校のどの日程が、他校のなにと重複しているのかが一目瞭然となり、手続きの締め切りを忘れてしまうなどのミスを防ぐことができます。

また、ご家族で役割を分担する必要がある日程を洗いだすことにもなります。

カレンダーには、以下のようなことを書きこみます。これらの項目以外にも備忘録として、気になることはそのつど書きこんでおくといいでしょう。このカレンダーは、ご家族全員が確認できるようにリビングなどに貼り、みなさんで情報を共有することが大切です。

## 合格カレンダーに書きこむべきおもなことがら

**「出願」**は持参か郵送か、持参はだれがいつ行くか、郵送はいつ投函するか。

**「複数回同時出願」**の場合の受験料、返金の有無と申し出期間。

**「入試当日」**の集合時刻と終了予定時刻、とくに持参するものがあればそれも。

**「面接」**の有無、その集合時刻。

**「合格発表」**の日と時刻、インターネット発表の時刻。

**「入学手続き」**の締切日と時刻、入学金の額と納入方法。

**「延納」**の有無。

**「返納金」**入学手続き後の返金制度の有無、その申し出期限。

**「登校日」**入学手続き後に登校日が設定してある場合、その日登校しないと、入学辞退とみなされる学校があるので要注意。

そしてそれぞれの日にお父さま、お母さまがどこに行くのかも、前もって話しあって書きこんでおきましょう。

各校の要項をよく見て書きこもう！（実際には左ページを拡大して書きこみます）

# 記入例　2015年 合格カレンダー（受験予定表）

| 志望校名 | A中1次 | B中 | C中2回 | D中2回 | C中3回 |
|---|---|---|---|---|---|
| 学校最寄駅<br>学校電話番号 | 千埼駅<br>04＊＊－＊＊＊＊ | 合格駅<br>9876－＊＊＊＊ | 希望駅<br>5555－＊＊＊＊ | 未来駅<br>1212－＊＊＊＊ | 希望駅<br>5555－＊＊＊＊ |
| 出願期間 | 郵送12月8日から<br>1月6日消印有効 | 1月20日9時から<br>1月26日15時まで | 1月20日9時から<br>2月1日20時まで | 1月20日9時から<br>1月30日16時まで | 1月20日9時から<br>2月3日15時まで |
| 出願日 | 12月25日郵送出願 | 1月20日出願日<br>担当：父 | 1月20日出願日<br>担当：母 | 1月21日郵送出願 | |
| 1月10日（土） | 試験日<br>集合：8時20分<br>解散：12時45分 | | | | |
| 1月11日（日） | 合格発表日<br>12時掲示<br>ネット発表も有 | | | | |
| 2月1日（日） | | 試験日<br>集合：8時30分<br>解散：14時30分 | | | |
| 2月2日（月） | | | 試験日<br>集合：8時20分<br>解散：12時25分 | | |
| 2月3日（火） | | 合格発表日<br>15時掲示 | 合格発表日<br>9時ネット | 試験日<br>集合：8時30分<br>解散：12時30分 | ※C中2回不合格の場合出願（14時まで） |
| 2月4日（水） | | 入学手続日<br>9時～12時<br>47万円振込み | 入学手続12時まで<br>※B中の結果次第で入学手続をする | 合格発表日<br>9時掲示<br>入学手続16時まで | 試験日<br>集合：8時20分<br>解散：12時25分 |
| 2月5日（木） | | | | | 合格発表日<br>9時ネット<br>入学手続16時まで |
| 2月6日（金） | | | | | |
| 2月7日（土） | | | | | |
| 2月8日（日） | | 入学説明会日<br>15時<br>本人同伴 | | | |
| | | | | | |
| 各校のチェックポイント<br>（備考欄） | ※手続き期間内に延期手続きを行えば、予約金なしで延期手続き可能<br>※願書写真は5×4<br>※出願は郵送のみ | ※試験日は弁当持参<br>※願書写真は4×3を2枚<br>※願書に小学校公印が必要 | ※出願はなるべく持参<br>※手続納入金は現金50万円（辞退すれば24万円返還）<br>※願書写真は5×4 | ※出願は郵送のみ<br>1月26日消印有効<br>※願書写真は5×4または4×3<br>※手続納入金は現金40万円（辞退後の返金有） | ※手続納入金は現金50万円（辞退すれば24万円返還）<br>※願書写真は5×4 |

※カレンダーには、〈出願〉は持参か郵送か、〈複数回同時出願〉の場合の返金の有無と申出期限、〈試験当日〉の集合時刻と終了予定時刻、持参するもの、〈面接〉の有無・集合時刻、〈合格発表〉の時刻と方法、〈入学手続締切〉の時刻・納入方法と金額（延納の有無）、〈入学手続後〉に納入金の返金制度がある場合には入学辞退の申出期限、手続き後の登校日などを書きこんでください。

※実際にご活用いただく際には、左のページをB4サイズに拡大したうえで何枚か複写してご使用ください。

# 2015年 合格カレンダー（受験予定表）

| 志望校名 | | | | | |
|---|---|---|---|---|---|
| 学校最寄駅<br>学校電話番号 | | | | | |
| 出願期間 | 月　日　時から<br>月　日　時まで | 月　日　時から<br>月　日　時まで | 月　日　時から<br>月　日　時まで | 月　日　時から<br>月　日　時まで | 月　日　時から<br>月　日　時まで |
| 出願日 | | | | | |
| 1月　日（　） | | | | | |
| 1月　日（　） | | | | | |
| 2月1日（日） | | | | | |
| 2月2日（月） | | | | | |
| 2月3日（火） | | | | | |
| 2月4日（水） | | | | | |
| 2月5日（木） | | | | | |
| 2月6日（金） | | | | | |
| 2月7日（土） | | | | | |
| 2月8日（日） | | | | | |
| | | | | | |
| 各校のチェックポイント（備考欄） | | | | | |

※カレンダーには、〈出願〉は持参か郵送か、〈複数回同時出願〉の場合の返金の有無と申出期限、〈試験当日〉の集合時刻と終了予定時刻、持参するもの、〈面接〉の有無・集合時刻、〈合格発表〉の時刻と方法、〈入学手続締切〉の時刻・納入方法と金額（延納の有無）、〈入学手続後〉に納入金の返金制度がある場合には入学辞退の申出期限、手続き後の登校日などを書きこんでください。

※実際にご活用いただく際には、このページをB4サイズに拡大したうえで何枚か複写してご使用ください。

中★学★受★験

# 知っ得データ

**表の見方（表については10月10日までの調査による。問い合わせは各校入試担当まで）**

表はおもな私立中学・国立中学を対象に行ったアンケートによる。対象は一般入試。原則として10月10日までに回答のあった学校を掲載。一部回答表現を略したところもある。無回答の項目は省略／学校名後の◎は共学校、●は男子校、○は女子校、□は別学校／質問項目　①入学試験当日の遅刻について認めるか（認める場合試験開始何分までか）　②保健室受験の準備はあるか　③面接はあるか・あればその比重　④合否判定での基準点はあるか・あればどの程度か　⑤繰り上げ（補欠）合格はあるか・あればその方法は　⑥入学手続きの延納・返還制度は　⑦来年度（'15年度）入試からの入試変更点

**ア**

**青山学院◎**
①20分まで　②ある　③なし　④なし　⑤予定・掲示とインターネット　⑥なし　⑦なし

**浅野●**
①10分まで　②ある　③なし　④なし　⑤未定・電話　⑦入学手続時の維持費を廃止

**麻布●**
①認めない　②ある　③なし　④なし　⑤未定　⑥なし　⑦なし

**足立学園●**
①認める　②ある　③なし　④なし　⑤予定・掲示とインターネット　⑥2/5　15:00までに延納手続をした場合施設費100,000円を2/13　15:00まで延納可　⑦なし

**跡見学園○**
①認める（時間は状況により決定）　②ある　③なし　④なし　⑤予定・電話　⑦施設設備費（200,000円）納入は入学後へ変更　2/3入試当日7:00～7:45まで受付へ　手続き期間変更あり

**郁文館◎**
①認める　②ある　③なし　④なし　⑤なし　⑦適性検査型入試新設

**市川◎**
①状況に応じて対応　②ある　③なし　④なし　⑤なし　⑥第1回手続き期間内に150,000円納入により2/3まで延納可　⑦12/13帰国生入試実施

**上野学園◎**
①認める（試験時間の延長なし・交通事情の場合のみ別室受験）　②ある　③実施・ある程度考慮　④なし　⑤なし　⑥原則延納不可だが理由により認める場合あり　前年度末日までに辞退を申し出た場合施設設備資金を返還　⑦新コース制へ（アドヴァンスト・コースとプログレス・コース）　新コース編成に伴い各コースの定員変更

**浦和明の星女子○**
①状況に応じて対応　②ある　③なし　④なし　⑤予定・電話　⑥第1回のみ1/20までに必要書類提出により2/3まで延納可　⑦なし

**浦和実業学園◎**
①試験時間終了まで（個人的理由の場合試験時間の延長なし）　②ある　③なし　④なし　⑤未定　⑥辞退の場合入学金以外を返還　⑦日程変更1/13→1/12　1/17→1/16　1/26→1/25　1回・2回午後国・算の2科へ　2～4回は当日まで願書受付へ　HPで試験当日22:00に合格発表を実施

**栄光学園●**
①認めない　②ある　③なし　④なし　⑤未定　⑥2/5　16:00までに辞退連絡をした場合入学金のうち200,000円を返還

**穎明館◎**
①認める　②ある　③なし　④なし　⑤なし　⑥なし　⑦なし

**江戸川学園取手◎**
①10分まで　②ある　③なし　④なし　⑤なし　⑥1回・2回は延納制度あり　複数回出願した1回目合格入学者は未受験回の検定料を入学後に返還　⑦1回（1/17）合格発表日1/18→1/19

**江戸川女子○**
①認める（時間制限はないが、試験時間は延長しない）　②ある　③なし　④なし　⑤予定・電話　⑥東京都の公立中高一貫校受検者はその発表日まで延納可　⑦帰国生入試日程変更12/23→12/7

**桜蔭○**
①20分まで　②ある　③実施・参考程度　④なし　⑤予定・掲示　⑥なし　⑦なし

**桜美林◎**
①20分まで　②ある　③なし　④なし　⑤なし・行う場合2/1午前のみ掲示その他はインターネット　⑥2/5受付時間内に入学納入金受領書提出により、残りの入学手続時納入金を2/7まで延納可　3月末までに辞退の場合入学金以外を返還

**鷗友学園女子○**
①30分まで　②ある　③なし　④全受験生の平均点の半分以下の場合審議対象となる　⑤なし　⑥3/2までに所定の用紙で辞退を申し出た場合入学金返還　⑦第3次募集インターネット出願導入

**大妻○**
①15分まで　②ある　③なし　④なし　⑤予定・電話　⑦募集定員第1回120名→130名　第2回120名→110名

**大妻多摩○**
①15分まで　②ある　③なし　④なし　⑤なし　⑥複数回同時出願の場合検定料返還（入学者のみ）　⑦午前入試で複数回同時出願者への検定料割引制度開始（1回22,000円・2回35,000円・3回45,000円）

**大妻中野○**
①認めない　②ある　③なし　④なし　⑤予定・電話　⑥国公立校受験者延納制度あり　複数回出願の場合受験料減額　入学者は未受験回分を返還　⑦定員変更2/1第2回アドバンスト選抜40名→50名　2/3第4回アドバンスト選抜40名→30名

**大妻嵐山○**
①20分まで　②本校受験のみある　③なし　④なし　⑤なし　⑥なし　⑦一般入試で2科目受験を実施　日程1/14→1/13　1/17入試は実施しない

**大宮開成◎**
①20分まで　②ある　③なし　④なし　⑤予定・電話　⑥手続後に辞退の場合施設費150,000円を返還　⑦日程変更第2回英数特科クラス入試2/4→1/14

**小野学園女子○**
①30分まで　②ある　③なし　④なし　⑤なし　⑥公立中高一貫校受検者は2/11まで延納可　⑦入試要項参照

**カ**

**海城●**
①認める　②ある　③なし　④ある　⑤予定・電話　⑥なし　⑦なし

**開成●**
①1時間目終了まで　②ある　③なし　④なし　⑤予定・電話

**開智◎**
①20分まで　②ある　③なし　④なし　⑤予定・電話とその他の方法　⑥3/31までに辞退の場合全額返還

止　2/2午前2科4科選択→2科　1月の帰国生入試廃止　入試名称変更あり

**北豊島〇**
①認める　②ある　③実施・参考程度　④なし　⑤なし　⑥なし　⑦日程変更AO特待入試2/3午後→2/1午後

**吉祥女子〇**
①20分まで　②ある　③なし　④なし　⑤未定・電話　⑥2/28正午までに辞退の場合施設拡充費を返還　⑦募集定員変更第1回114名・第2回90名へ

**共栄学園◎**
①30分まで　②ある　③実施・参考程度　④なし　⑤なし　⑥公立中高一貫校受検者はその発表の翌日まで春日部共栄受験者は2/12まで延納可　辞退の場合施設費を返還　⑦第4回2/7へ、チャレンジ入試へ変更　適性検査型入試実施（受験生は算・国2科か適性検査型を選択）

**暁星●**
①15分まで　②ある　③なし　④なし　⑤予定・電話　⑥なし　⑦なし

**暁星国際◎**
①15分まで　②ある　③実施・かなり重視する　④なし　⑤なし

**共立女子〇**
①15分まで　②ある　③なし　④なし　⑤予定・電話　⑦C日程合格発表場所変更講堂→中高校舎正面玄関ロビー

**共立女子第二〇**
①午前入試30分まで・午後入試25分まで　②ある　③英語特別選抜と帰国生入試は実施・ある程度考慮する　④なし　⑤未定・電話　⑥なし　⑦3回入試を廃止　帰国生入試を別日程で新設

**国本女子〇**
①15分まで　②ある　③なし　④なし　⑤未定　⑦なし

**公文国際学園◎**
①60分の試験は20分まで・50分の試験は15分まで　②ある　③なし　④2/3B入試のみある　⑤予定・電話　⑥なし　⑦なし（2016年度は日程・科目・定員等変更あり）

**慶應義塾◎**
①認める（個別に対応）　②ある　③実施・かなり重視する　④なし　⑤予定・電話　⑥2月末までに辞退の場合入学金以外を返還　慶應義塾普通部・慶應義塾湘南藤沢に入学手続完了者は納入した学費等の振替制度あり　⑦2次試験日程変更2/6か2/7→2/5　合格発表日変更1次2/5→2/4・2次2/9→2/6　面接変更受験生のみと保護者同伴の2回→保護者同伴のみへ

**慶應義塾湘南藤沢◎**
①状況により対応　②状況により対応　③実施・非公表　④非公表　⑤予定・電報　⑥期日までに所定方法により辞退を申し出た場合入学金以外を返還

**慶應義塾普通部●**
①原則認めない（状況により認める場合あり）　②ある　③実施・非公表　④なし　⑤未定・繰上候補者を掲示発表後合格者には電話連絡　⑥所定期日までに辞退の場合入学金以外を返還　授業料分納制度あり　⑦なし

**京華●**
①10分まで　②ある　③なし　④なし　⑤なし　⑥分納可　所定期日までに辞退申告した場合入学金以外を返還　⑦2/2第2回午前を適性検査型入試へ

**京華女子〇**
①20分まで　②ある　③実施・かなり重視する　④なし　⑤なし　⑥なし　⑦なし

**恵泉女学園〇**
①10分まで　②ある　③S方式帰国生枠のみ実施・ある程度考慮する　④なし　⑤予定・電話　⑥なし　⑦2/1午後にS方式入試を実施　募集定員変更2/1（80名→帰国生約10名含む計50名）2/2（帰国生約10名含む計70名→100名）　S方式帰国生枠以外で面接廃止

**啓明学園◎**
①20分まで　②ある　③なし　④なし　⑤なし　⑥なし　⑦適性検査型入試2/1午後→2/1午前　入試科目4科→2科

**光塩女子学院〇**
①5分まで（個人の責任外の理由の場合個別対応）　②ある　③実施・参考程度　④なし　⑤予定・電話

**晃華学園〇**
①20分まで　②ある　③なし　④なし　⑤未定・電話　⑦入試回数3回から2回へ　それに伴い募集定員変更あり

**工学院大学附属◎**
①30分まで　②ある　③なし　④なし　⑤予定・電話　⑥2月末までに辞退の場合設備充実費120,000円を返還　⑦第3回（2/3）を追加　試験科目変更あり

**開智日本橋学園◎**
①認める　②ある　③1部のみ実施・ある程度考慮する　④なし　⑤未定　⑥未定　⑦校名変更（現日本橋女学館）男女共学化に伴い大幅に変更あり

**開智未来◎**
①20分まで　②ある　③なし　④なし　⑤なし　⑥3/31までに辞退の場合全額返還　⑦特待制度変更あり

**海陽●**
①認める　②別室受験の準備あり　③実施　④なし　⑤未定・行う場合電話　⑥期限内に連絡すれば入寮費を返還　⑦理・社試験時間30分→35分（配点は変更なし）　入試Ⅱ本校（蒲郡）会場での出願における郵送書類廃止　帰国生入試日程・問題・英語試験時間変更あり

**かえつ有明◎**
①10分まで　②ある　③なし　④なし　⑤予定・電話　⑥3/31までに辞退申請すれば入学諸費等25,000円を返還　⑦2/4入試廃止

**学習院●**
①認めない　②なし　③なし　④なし　⑤予定・掲示　⑥なし　⑦補欠合格→繰上合格へ名称変更　定員に満たない場合追加合格をだす

**学習院女子〇**
①50分まで　②ある　③実施・参考程度　④なし　⑤A入試は行わない　B入試はあり（電話）　⑥なし　⑦なし

**春日部共栄◎**
①認める　②ある　③なし　④なし　⑤予定・電話　⑥辞退の場合施設費を返還　⑦3回・4回を総合選抜入試に変更、得点によりGE・GSの合格者をだす

**片山学園◎**
①20分まで　②ある　③実施・参考程度　④なし　⑤予定・電話　⑥辞退の場合授業料360,000円、施設費240,000円計600,000円を返還　⑦国内入試大阪会場、後期入試を停止

**神奈川学園〇**
①20分まで　②ある　③なし　④なし　⑤未定　⑥2/7正午までに辞退の場合入学金・施設費を返還　それ以降は施設費のみ返還　⑦1/7帰国生入試実施へ

**神奈川大学附属◎**
①20分まで　②ある　③なし　④算数のみある・40点　⑤未定・電話　⑥なし　⑦日程変更B日程2/4→2/3　C日程2/6→2/5　試験科目変更C日程国・算2科→国算社理4科

**鎌倉学園●**
①認める　②ある　③なし　④なし　⑤予定・電話　⑥2/13 13:00までに辞退した場合入学金を半額返還　入学式前日までに辞退した場合施設費を返還　⑦2/1　算数選抜入試新設

**鎌倉女学院〇**
①20分まで　②ある　③なし　④なし　⑤未定・電話　⑥2/7正午までに辞退の場合入学金340,000円を返還　⑦日程変更1次2/2→2/1　2次2/4→2/3

**鎌倉女子大学〇**
①認める（要事前連絡）　②ある　③なし　④非公表　⑤なし　⑥なし　⑦コース問わず複数回受験者も1回分の受験料へ　特進コース入試で当日試験内容に応じて全員に「進学コースへのスライド合格」と「特進コース特性」権利を与える

**カリタス女子〇**
①1限目終了まで（試験時間の延長なし）　②ある　③なし　④なし　⑤未定・電話　⑥3/31までに辞退手続すれば施設拡充費を返還　⑦2/1第1回午前入試→午後入試

**川村〇**
①状況に応じて対応　②ある　③実施・参考程度　④なし　⑤予定・手渡し　⑥なし　⑦入試回数増

**神田女学園〇**
①20分まで　②ある　③なし　④約4割程度　⑤なし　⑥なし　⑦グローバル特別進学クラス新設（入試日2/1午前午後　2/2午後　2/4午後　入試科目英語45分100点満点・基礎学力検査国算各50点計45分）

**関東学院◎**
①認める（試験時間の延長なし）　②ある　③なし　④なし　⑤未定　⑥なし　⑦日程変更あり（一期A2/1午後　一期B2/2午前　一期C2/3午前　二期2/6午前）

**関東学院六浦◎**
①1限終了までに入室　②ある　③なし　④なし　⑤未定　⑦日程変更あり（全体的に前倒しになる）

**北鎌倉女子学園〇**
①20分まで　②ある　③実施・参考程度　④なし　⑤なし　⑥2/10正午までに辞退の場合施設設備費を返還　⑦2/2午後入試廃

**品川女子学院○**
①30分まで　②ある　③なし　④なし　⑤予定・電話と電報　⑥入学手続金全額返還可（要事前電話連絡）

**芝●**
①30分まで　②ある　③なし　④なし　⑤未定・電話

**芝浦工業大学●**
③なし　④なし　⑤なし　⑥なし　⑦なし

**芝浦工業大学柏◎**
①20分まで　②ある　③帰国子女のみあり　④なし　⑤なし・行う場合電話　⑥第1回・第2回は期日までに延納金50,000円納入により2/4　15:00まで延納可

**渋谷教育学園渋谷◎**
①理由に応じて認める　②ある　③なし　④なし　⑤未定・電話　⑥なし　⑦なし

**渋谷教育学園幕張◎**
①認める　②ある　③なし　④なし　⑤未定　⑥手続期間内に50,000円納入により残額を2/3　18:00まで延納可

**秀光◎**
①10分まで　②ある　③なし　④なし　⑤なし　⑥3月末までに辞退の場合入学金以外を返還　⑦なし

**修徳◎**
①認める　②ある　③実施・かなり重視する　⑤なし

**十文字○**
①15分まで　②ある　③なし　④なし　⑤未定　⑥3/31　16:00までに入学辞退届を提出した場合入学時施設費を全額返還　⑦2/1午前（定員80名→100名　4科→2科・4科選択）2/2（午前→午後　2科へ変更）2/3（定員40名→20名　4科→2科・4科選択）

**淑徳◎**
①20分まで　②ある　③なし　④なし　⑤なし　⑥2月末までに辞退の場合全額返還　⑦なし

**淑徳ＳＣ○**
①15分まで　②ある　③実施・ある程度考慮する　④なし　⑤未定　⑥なし　⑦なし

**淑徳巣鴨◎**
①認める　②ある　③なし　④なし　⑤なし　⑥公立中高一貫校受検者は返還制度あり　⑦募集定員90名へ（15名減）

**淑徳与野○**
①50分まで（1限終了時間まで入室可）　②ある　③なし　④なし　⑤第2回のみ予定・掲示とインターネットで候補者発表後合格の場合電話　⑥3/28までに辞退の場合入学金以外を返還

**順天◎**
①認める　②ある　③なし　④なし　⑤未定・電話　⑥入学金納入により2/10　12:00まで延納可　⑦第3回A入試（午前）→B入試（午後）へ（試験科目国・算または算・英の選択制へ）

**頌栄女子学院○**
①20分まで　②ある　③実施・参考程度　④なし　⑤なし　⑥なし　⑦なし

**城西川越●**
①15分まで　②ある　③なし　④なし　⑤なし　⑥辞退の場合施設費を返還

**城西大学附属城西◎**
①20分まで　②ある　③なし　④なし　⑤予定・電話

**常総学院◎**
①20分まで　②なし　③なし　④なし　⑤なし　⑥一般入試延納可　⑦なし

**聖徳学園◎**
①認める　②ある　③なし　⑤予定・電話　⑥なし　⑦総合入試国・算・英から2科選択へ　思考力入試新設

**湘南学園◎**
①認める　②ある　③なし　④なし　⑤未定・電話　⑦2/6D日程試験時間変更集合8:00→10:15　終了10:20→12:35

**湘南白百合学園○**
①45分まで（1時間目終了まで）　②ある　③実施・参考程度　④なし　⑤予定・電話　⑦2/1入試合格発表同日21:00インターネット発表へ

**昌平◎**
①20分まで　②ある　③なし　④なし　⑤なし　⑥なし　⑦初回出願に限り受験料20,000円に10,000円加算しすべての受験が可能へ

**城北●**
①30分まで　②ある　③なし　④なし　⑤予定・電話　⑥なし　⑦なし

**城北埼玉●**
①認める　②ある　③なし　④なし　⑤未定・電話　⑦1/10午後特待入試新設

## カ

**攻玉社●**
①20分まで　②ある　③なし　④なし　⑤未定

**麴町学園女子○**
①認める　②ある　③なし　④なし　⑤予定・電話　⑥2/8　15:00までに辞退届提出により入学金を返還

**佼成学園●**
①20分まで　②ある　③なし　④なし　⑤なし　⑥なし

**佼成学園女子○**
①25分まで　②ある　③実施・まったく合否には関係しない　④なし　⑤未定　⑥入学金分納可手続時に100,000円納入し残金155,000円を9/1～9/10に納入　3月末までに辞退の場合施設設備資金60,000円を返還

**国府台女子学院○**
①認める　②ある　③なし　④なし　⑤未定・電話　⑥1/21第1回のみ分納可　⑦なし

**香蘭女学校○**
①25分まで　②ある　③実施・参考程度　④なし　⑤予定・掲示とインターネット　⑥なし　⑦なし

**國學院大學久我山□**
①20分まで　②ある　③なし　④なし（ただし0点は不可）　⑤未定・電話　⑥なし　⑦なし

**国際学院◎**
①20分まで　②ある　③なし　④なし　⑤なし　⑥なし　⑦なし

**国士舘◎**
①10分まで　②ある　③実施・かなり重視する　④なし　⑤なし　⑥施設費は手続き時か2/19まで　⑦第3回2/5→2/4

**駒込◎**
①25分まで　②ある　③なし　④なし　⑤なし　⑥公立中高一貫校受検者はその発表翌日正午まで延納可（要事前登録）　⑦なし

**駒沢学園女子○**
①原則20分まで（受験生の事情による）　②ある　③なし　④なし　⑤なし　⑥なし　⑦スカラシップ入試実施　一般とスカラシップ同時出願の場合1回分の受験料で受験可能へ

**駒場東邦●**
①認める　②ある　③なし　④なし　⑤予定・電話　⑥なし　⑦なし

## サ

**埼玉栄◎**
①1時限目まで　②ある　③なし　④なし　⑤なし　⑥3/31までに辞退の場合入学金以外を返還　⑦難関大クラス入試科目国算社理の4科→国算か算理どちらか2科選択へ

**埼玉平成◎**
①20分まで　②ある　③なし　④約5割程度　⑤予定・インターネット　⑥願書の延納希望欄に記入し出願すれば2/5まで延納可（専願は不可）　⑦英語入試引き続き実施　1～4回でA進学とS選抜試験実施　2月入試を実施（2/7）

**栄東◎**
①認める　②ある　③帰国生入試のみ実施・ある程度考慮する　④なし　⑤なし　⑥願書に併願校を記入すれば2/6まで手続延期可

**相模女子大学○**
①10分まで　②ある　③なし　④約5割程度　⑤なし　⑥辞退の場合施設費を返還

**佐久長聖◎**
①20分まで　②ある　③なし　④なし（ただし1桁は不可）　⑤なし　⑥入学金と施設費300,000円3回分納、寮の入館金170,000円2回分納可　辞退の場合施設費と寮入館金を返還　⑦なし

**桜丘◎**
①認める　②ある　③なし　④なし　⑤なし　⑦2/1午前・午後に思考力テストを導入　帰国生入試試験科目国・算・英から2科目選択へ（面接と作文は廃止）　帰国生入試特待判定導入　web発表から引き続いて入学手続きが可能へ（手続き金の振込も含む）

**狭山ヶ丘高等学校付属◎**
①20分まで　②ある　③なし　④なし　⑤予定・電話　⑥なし　⑦なし

**サレジオ学院●**
①認めない　②ある　③なし　④なし　⑤未定　⑥なし　⑦なし

**自修館◎**
①50分まで　②ある　③なし　④なし　⑤なし　⑥国立・公立中高一貫校併願者は2/4　16:00までに当該校受験票を窓口に提示すれば1次入学手続金を2/10　13:00まで延納可　⑦なし

**実践学園◎**
①認める　②ある　③なし　④なし　⑤なし　⑥新入生ガイダンス前に辞退した場合施設設備資金と指定品代を返還　⑦なし

**実践女子学園○**
①認める　②ある　③なし　④なし　⑤未定・電話　⑥2/28　15:00までに辞退の場合入学金の一部30,000円を返還　⑦なし

**星美学園○**
①認める　②ある　③なし　④ある　⑤なし　⑥なし　⑦なし

**西武台千葉◎**
① 20 分まで　②ある　③専願入試のみ実施・参考程度　④なし　⑤なし　⑥併願入試延納可

**西武台新座◎**
①認める　②ある　③なし　④なし　⑤なし　⑦すべて本校での入試へ

**聖望学園◎**
① 20 分まで　②ある　③専願のみ実施・ある程度考慮する　④なし　⑤未定・電話　⑥都立中高一貫校受検者は 2/12 まで延納可（願書に記入すること）2/20 までに辞退届提出により施設費を返還　⑦適性検査型試験新設

**聖ヨゼフ学園○**
① 20 分まで　②ある　③実施・参考程度　④なし　⑤予定・電話　⑥ 3/31　16:00 までに辞退手続完了の場合施設設備資金を返還　⑦ 1/6 に算数 1 科目で帰国生入試を実施

**成立学園◎**
① 30 分まで　②ある　③なし　④なし　⑤なし　⑥分納可（3/31 まで）3/31 までに辞退の場合施設費を返還

**青稜◎**
① 15 分まで　②ある　③なし　④なし　⑤予定・電話　⑥延納願提出により 2/16　15:00 まで延納可

**聖和学院○**
① 15 分まで　②ある　③なし　④ある　⑤なし　⑥ 3/15　15:00 までに辞退の場合施設拡充費を返還　⑦すべての受験回において英語・作文の２科受験選択可へ

**世田谷学園●**
①１限目終了まで　②ある　③なし　④なし　⑤未定・電話　⑦なし

**専修大学松戸◎**
①認める　②ある　③なし　④なし　⑤なし　⑥第１回・第２回は 50,000 円納入により 2/3 まで延納可　⑦帰国生入試日程変更第１回 1/20 →第２回 1/26

**洗足学園○**
① 20 分まで　②ある　③なし　④なし　⑤予定・インターネットと電話　⑥なし

**捜真女学校○**
①事前連絡により個別に対応　②ある　③実施・参考程度　④なし　⑤欠員が出た場合行う・電話

**相洋◎**
① 15 分まで　②ある　③実施・重視する　④国語・算数のみ約 35 点程度　⑤補欠の発表を予定・合格発表時に手渡し　⑥なし　⑦なし

タ

**高輪●**
① 20 分まで　②ある　③なし　④なし　⑤予定・電話　⑥なし　⑦なし

**橘学苑◎**
①認める　②ある　③なし　④なし　⑤なし　⑦入試回数５回→４回

**玉川学園◎**
①認める（試験時間の延長なし）②ある　③実施・ある程度考慮する　④なし　⑤なし　⑥期日までの辞退申し出で入学金以外を返還　⑦日程変更第４回 2/3 → 2/2 午後　募集定員変更あり　受験科目第３回一般４科→２科・４科選択へ　郵送出願の検定料振込日程 1/16 ～ 1/22 → 1/6 ～ 1/23　検定料コンビニ支払い可へ

**玉川聖学院○**
① 20 分まで　②ある　③実施・参考程度　④なし　⑤予定・電話　⑥適性検査型入試のみ公立校合格発表日翌日まで延納可　⑦適性検査型入試導入

**多摩大学附属聖ヶ丘◎**
① 20 分まで　②ある　③なし　④なし　⑤なし　⑥なし　⑦適性検査型入試導入

**多摩大学目黒◎**
① 30 分まで　②ある　③なし　④なし　⑤予定・掲示　⑥なし　⑦なし

**千葉日本大学第一◎**
①認めない（公共交通機関による遅延は当日判断）②ある　③なし　④なし　⑤非公表　⑥第１期入試のみ延納手続と入学金の一部 50,000 円納入により 2/4　15:00 まで延納可　⑦なし

**千葉明徳◎**
① 20 分まで　②ある　③実施・ある程度考慮する　④なし　⑤未定　⑥一般入試①～③ 2/6 まで延納可　⑦一般入試② 1/23 午後入試廃止午前入試のみへ　日程変更一般入試④ 2/5 → 2/6　一般入試②外部受験会場変更モリシアホール→千葉工業大学（JR 津田沼駅）

**昭和学院◎**
① 20 分まで　②ある　③なし　④なし　⑤なし　⑥入学金の一部 20,000 円納入により残額 2/12 まで延納可　⑦面接を推薦入試のみへ　一般の第３回を特進（特待生）入試へ

**昭和学院秀英◎**
① 20 分まで　②ある　③なし　④なし　⑤なし　⑥第２回のみ 1/26 までに 50,000 円納入により残額を 2/3 まで延納可　⑦なし

**昭和女子大学附属昭和○**
① 25 分まで　②ある　③なし　④なし　⑤なし・行う場合電話　⑥なし　⑦なし

**女子学院○**
①認めない　②ある　③実施・ある程度考慮する　④非公表　⑤未定・電話　⑦ 2015 年度のみ 2/2 に入試実施

**女子聖学院○**
① 20 分まで　②ある　③なし　④なし　⑤予定・電話　⑥なし　⑦定員比・検定料・出願方法・入学時納入金に変更あり

**女子美術大学付属○**
①認める　②ある（実施は状況により判断）③実施・参考程度　④なし　⑤補欠を得点順に掲示発表　合格の場合個別に連絡　⑥第１回・第２回 2/7 正午までに入学辞退届提出により入学金以外の納入金を返還　⑦なし

**白梅学園清修○**
① 20 分まで　②ある　③なし　④なし　⑤予定・電話　⑥都立中高一貫校受検者は 2/10　16:00 まで延納可　⑦ 2/1 午後適性検査型入試導入　2/2 午後を廃止

**白百合学園○**
① 15 分まで　②ある　③実施・参考程度　④なし　⑤未定・電話　⑥なし　⑦試験中にお手洗いに行った場合別室で継続受験可能へ

**巣鴨●**
① 20 分まで　②別室受験の準備あり　③なし　④なし　⑤予定・電報　⑦新校舎完成

**杉並学院◎**
① 20 分まで　②ある　③実施・かなり重視する　④なし　⑤なし・行う場合インターネット発表　⑥なし　⑦なし

**逗子開成●**
①認める　②ある　③なし　④なし　⑤なし　⑥ 2/12　16:00 までに辞退の場合返還可　⑦受験料納入方法銀行振込へ

**駿台学園◎**
①認める　②ある　③なし　④なし　⑤なし　⑥一部授業料返還可　⑦なし

**聖学院●**
① 15 分まで　②ある　③なし　④なし　⑤なし・行う場合電話　⑥ 2/5 正午までに辞退届を提出した場合入学金以外を返還　⑦ 2/4 第４回特待選抜２科・４科→２科　思考力テスト日程 2/2 午後→ 2/3 第３回特待選抜に移動（試験時間 90 分）午後入試集合時間 15:15 に一本化　帰国生試験 C 方式（思考力テスト）休止

**成蹊◎**
① 15 分まで　②ある　③なし　④なし　⑤予定・電話　⑥ 3/31　15:00 までに入学辞退書提出により入学金以外を返還

**聖光学院●**
①原則認めないが事情により判断　②ある　③なし　④なし　⑤未定・電話　⑥なし　⑦なし

**成城●**
①認めない　②ある　③なし　④なし　⑤なし　⑥なし　⑦合格発表時刻当日 19:00 へ　第１回・第２回入学手続締切日 2/5 へ

**成城学園◎**
①認める　②ある　③なし　④なし　⑤未定・電話　⑥入学金以外は入学後に納入

**聖セシリア女子○**
① 15 分まで　②ある　③なし　④なし　⑤予定・電話

**清泉女学院○**
①認める　②ある　③ 1 期試験のみ実施・まったく合否には関係しない　④なし　⑤予定・電話　⑥施設費を 2/13 まで延納可　⑦日程変更（1 期 2/2・帰国生 1/8）募集定員変更（帰国生５名程度・２期 30 名）

**聖徳大学附属女子○**
① 25 分まで　②ある　③なし　④なし　⑤なし　⑥東京都の公立中高一貫校受検者はその合格発表翌日まで延納可　⑦ 1/20 第１回午後に適性検査型入試を導入し S 選抜クラスと特待生判定を実施　本校のほか幕張会場（幕張メッセ）でも入試実施

**聖ドミニコ学園○**
① 20 分まで　②ある　③なし　④なし　⑤予定・電話　⑥辞退の場合施設拡充費を返還　⑦入試回数２回→４回　第３回に午後入試導入　受験料各回 25,000 円→ 25,000 円納入ですべての回受験可能へ

**東京女学館○**
①20分まで（試験時間の延長なし） ②ある ③なし ④なし ⑤予定・電話 ⑥施設費返還可 ⑦2/1午後入試新設 受験料1回25,000円とし複数回受験の場合回数ごとに＋5,000円へ

**東京女子学院○**
①15分まで ②ある ③実施・かなり重視する ④なし ⑤なし ⑥3/7 13:00までに辞退を申し出た場合施設設備費を返還 ⑦英語特別入試2回→3回 適性検査型入試1回→2回

**東京女子学園○**
①午後入試のみ認める（公共交通機関の遅延の場合午前も状況により対応） ②ある ③なし ④なし ⑤なし ⑥入学金以外3/20までに納付

**東京成徳大学◎**
①50分まで ②ある ③なし ④なし ⑤予定・電話 ⑥2/10までに辞退の場合施設費のみ返還 ⑦2/1午後に思考力型（適性検査ⅠとⅡ）入試を平行して実施

**東京成徳大学深谷◎**
①10分まで ②ある ③なし ④なし ⑤なし ⑥なし ⑦なし

**東京電機大学◎**
①30分まで ②ある ③なし ④あり・非公表 ⑤未定・電話 ⑥第2～第4回は2/9まで延納可（第1回はなし） ⑦なし

**東京都市大学等々力◎**
①20分まで ②インフルエンザの疑いがある場合は可 ③なし ④なし ⑤なし・行う場合掲示とインターネット

**東京都市大学付属●**
①15分まで ②ある ③なし ④なし ⑤予定・電話 ⑥なし ⑦2/1午後2科・4科選択制へ 2/2グローバル入試新設

**東京農業大学第一高等学校◎**
①認める ②ある ③なし ④なし ⑤未定・電話 ⑦定員変更 2/1 75名→85名、2/4 40名→30名

**東京農業大学第三高等学校附属◎**
①認めない ②ある ③なし ④なし ⑤未定・掲示とインターネット ⑥なし ⑦なし

**東京立正◎**
①60分まで（要事前連絡） ②ある ③実施・かなり重視する ④約4割程度 ⑤なし ⑥なし ⑦即日インターネットによる合否判定実施へ

**桐光学園□**
①認める ②ある ③なし ④なし ⑤なし ⑥なし ⑦なし

**東星学園◎**
①15分まで ②ある（要事前連絡） ③実施・重視する ④なし ⑤なし ⑥3/30 16:00までに書面で辞退を申し出た場合施設設備費返還 ⑦なし

**桐朋●**
①15分まで ②ある ③なし ④なし ⑤未定・電話 ⑥2/7正午までに辞退手続をした場合建設資金130,000円を返還 ⑦なし

**桐朋女子○**
①試験開始前まで ②原則なし ③A入試は「口頭試問」を実施する ④非公表 ⑤未定・電話 ⑥2/9までに入学辞退届提出により建築資金を返還 ⑦A入試（試験時間短縮、12:30までに試験が終了する受験生数増、当日発表22:00にHPで実施） B入試（日程変更2/3→2/2午後、14:30集合、面接を廃止、2/2 11:00まで出願受付） 帰国生対象特別入試とA・B入試との併願可へ

**東邦大学付属東邦◎**
①認める（時間は定めない） ②ある ③なし ④なし ⑤未定・電話 ⑥前期入試は入学金170,000円を1/26までに納入し残金170,000円を2/4まで延納可

**東洋英和女学院○**
①20分まで ②ある ③実施・参考程度 ④なし ⑤予定・電話 ⑥なし ⑦A・B両方出願しA日程合格入学者は未受験分検定料15,000円返還へ

**東洋大学京北◎**
①20分まで ②ある ③2科入試のみ実施・ある程度考慮する ④なし ⑤未定 ⑥国立・公立中高一貫校併願の場合その発表日翌日まで延納可 ⑦校名変更 男女共学化

**藤嶺学園藤沢●**
①10分まで ②ある ③なし ④なし ⑤未定・電話 ⑥2/11までに手続した場合施設費を返還 ⑦募集定員変更第2回40名→50名 第3回30名→20名

**トキワ松学園○**
①45分まで ②ある ③なし ④なし ⑤予定・電話 ⑥3/31までに辞退の場合施設設備費を返還 ⑦適性検査型入試2/2→2/1

**土佐塾◎**
①20分まで ②ある ③なし ④なし ⑤なし ⑥なし ⑦入試会場変更岐阜→東海（名古屋今池ガスビル） 岡山ビジネスホテルアネックス→後楽ホテル

タ

**中央大学附属◎**
①認める ②ある ③なし ④なし ⑤未定・繰上合格者へ電話 ⑥なし ⑦なし

**中央大学附属横浜◎**
①10分まで ②ある ③なし ④ある・受験生平均点の50%以下の科目があれば不合格 ⑤予定・電話 ⑦試験回数3回→2回 募集定員70名→80名 所在地センター北駅から徒歩5分→7分

**千代田女学園○**
①30分まで ②ある ③なし ④なし ⑤なし ⑦アドバンスト選抜とリーディング選抜での入試となる

**筑波大学附属◎**
②ある ③なし ⑤予定・掲示と電話 ⑥なし ⑦通学区域に川崎市追加

**筑波大学附属駒場●**
①非公表 ②ある ③なし ④非公表 ⑤予定・電話 ⑥なし ⑦なし

**土浦日本大学◎**
①15分まで ②ある ③なし ④なし ⑤予定・電話 ⑥1/15までに必要書類と延納金30,000円納付により2/9まで延納可 ⑦なし

**鶴見大学附属◎**
①10分まで ②ある ③なし ④なし ⑤予定・電話 ⑥なし ⑦なし

**帝京◎**
①30分まで ②ある ③なし ④なし ⑤未定 ⑥なし ⑦2/2第2回午後入試新設 日程変更第3回2/4→2/5 コース制導入（一貫特進コース・一貫進学コース） 新制服導入

**帝京大学◎**
①30分まで ②ある ③なし ④なし ⑤なし ⑥なし ⑦2/3第3回午後変更あり 点数算・国合計100点→各100点 試験時間算・国計60分→各50分

**帝京冨士◎**
①20分まで ②ある ③なし ④なし ⑤未定 ⑥なし ⑦なし

**田園調布学園○**
①認める ②ある ③実施・参考程度 ④なし ⑤なし ⑥延納可 複数回出願の未受験分検定料返還可（入学手続者のみ） ⑦帰国生入試日程2/1→12/20・出願資格2年以上在籍し帰国後2年未満→1年以上在籍し帰国後1年未満 一般入試定員第1回90名→100名 第2回90名→80名 理・社配点変更理・社とも50点満点→理・社とも60点満点

**桐蔭学園□**
①認める ②ある ③なし ④なし ⑤なし ⑥分納可入学金2/6まで（四次は2/9）、施設設備費・授業料等は3/6まで、学園債・寄付金（任意）3/18まで ⑦2/3二次午後入試新設 入試科目すべて4科へ（午後入試のみ2科選択） 4科とも記述形式の問題を3割程度出題

**東海大学菅生高等学校◎**
①認める ②ある ③実施・ある程度考慮する ④なし ⑤なし ⑥1－B入試のみ都立中高一貫校合格発表後（2/10）まで延納可 2/10までに辞退手続をした場合全額返還 ⑦1－B入試総合問題→適性検査

**東海大学付属浦安高等学校◎**
①20分まで ②ある ③なし ④なし ⑤なし ⑥A・B試験は手続時納入金の半額160,000円納入により残額を2/5まで延納可 ⑦なし

**東海大学付属相模高等学校◎**
①15分まで ②ある ③実施・かなり重視する ④なし ⑤なし ⑥なし ⑦入試回数2回→3回（2/1A試験・2/3B試験・2/4C試験）

**東海大付属高輪台高等学校◎**
①原則認めない ②原則不可 ③なし ④なし ⑤未定 ⑥なし ⑦入試回数2回→3回（2/1・2/3・2/5）

**東京家政学院○**
①15分まで ②ある ③なし ④なし ⑤なし ⑥なし ⑦第1志望優遇制度を実施

**東京家政大学附属女子○**
①25分まで ②ある ③なし ④なし ⑤予定・電話 ⑥なし ⑦クラス別募集を廃止 第2回特別奨学制度チャレンジ入試を実施

**東京学館浦安◎**
①20分まで（やむを得ない事情の場合） ②ある ③Ⅳ期入試のみ実施・参考程度 ④なし ⑤なし ⑥延納願提出により2/9まで延納可（推薦Aと一般Ⅳ期以外） ⑦なし

**東京純心女子○**
①10分まで ②ある ③なし ④なし ⑤予定・電話 ⑥なし ⑦なし

**フェリス女学院○**
①認める　②ある　③実施・参考程度　④なし　⑤未定・電話　⑥所定手続により納入金の一部返還可　⑦日程変更 2/2 入試　2/3 合格発表　2/4 入学手続（1日のみ）

**富士見○**
① 10 分まで　②ある　③なし　④なし　⑤予定・掲示とインターネット　⑥ 2/12 までに辞退の場合設備費ほか合計 52,000 円を返還　⑦なし

**富士見丘○**
① 20 分まで　②原則不可　③実施・2/2・2/4 午前はある程度考慮　2/1 午前ＷＩＬＬ入試はかなり重視する　④なし　⑤なし　⑥３月末までに辞退の場合入学金以外の納入金を返還　⑦ 2/1 午前思考力（適性検査型）入試新設　日程変更 2/3 午前→ 2/4 午前　2/3 午後を廃止

**藤村女子○**
① 50 分まで（公共交通機関の遅延によるものは別室受験実施・自己責任による遅刻は試験時間の延長なし）②ある　③なし　④なし　⑤なし　⑦帰国生入試実施　中学にコース制導入（特別選抜コース・特進コース）

**武相●**
① 15 分まで　②ある　③なし　④なし　⑤未定　⑥入学手続金の一部返還可　⑦４科入試廃止、全日程国・算２科入試へ

**雙葉○**
①原則なし（状況により判断）②原則なし（状況により判断）③実施・参考程度　④非公表　⑤未定・電話　⑥なし

**武南◎**
① 20 分まで　②ある　③なし　④なし　⑤予定・電話　⑥辞退の場合施設費を返還　⑦日程変更あり

**普連土学園○**
① 30 分まで　②ある　③なし　④なし　⑤予定・電話　⑥手続締切日までに入学金 400,000 円のうち 300,000 円納入により残額 100,000 円を 2/7 まで延納可

**文化学園大学杉並○**
①認める（午後入試は 15:00 集合も可）②ある　③なし　④なし　⑤行う場合電話　⑥Ａ型入試（適性検査型）は公立中高一貫校発表後まで手続延期可　⑦難進グローバル入試２回→３回、定員増 30 名→ 60 名

**文華女子○**
① 20 分まで　②ある　③なし　④なし　⑤なし　⑥なし　⑦面接試験廃止　出願条件に「説明会参加」を設定

**文京学院大学女子○**
①認める（時間は状況により対応）②ある　③なし　④あり　⑤なし　⑦第５回日程 2/3 → 2/4　文京学院方式を廃止→２科・４科選択入試へ

**文教大学付属◎**
① 10 分まで　②ある　③なし　④なし　⑤なし　⑥なし　⑦午後入試の合格発表時間 21:30 → 21:00

**法政大学◎**
①認める　②原則認めないが状況により可能　③実施・ある程度考慮する　④なし　⑤予定・掲示

**法政大学第二●**
① 20 分まで　②ある　③なし　④なし　⑤未定　⑥教育充実費 50,000 円返還可　⑦第２回日程 2/6 → 2/4　検定料 25,000 円 → 30,000 円

**宝仙学園理数インター◎**
① 20 分まで　②ある　③なし　④なし　⑤なし　⑦２科入試を廃止　公立一貫入試対応入試で適性検査Ⅲを廃止

**星野学園◎**
①認める　②ある　③なし　④なし　⑤なし　⑥ 2/5 まで延納可　施設費の返還可　⑦試験会場変更あり

**本郷●**
① 20 分まで　②ある　③なし　④なし（ただし１科目でも０点の場合不合格）⑤予定・電話　⑥複数回出願の未受験分検定料返還可（入学手続者のみ）⑦なし

**本庄東高等学校附属◎**
① 25 分まで　②なし　③なし　④なし　⑤予定・電話　⑥第１回・第２回合格者は第３回の締切日まで延納可（願書へ併願校を記入し、延納願提出が必要）　指定日までに辞退の場合施設拡充費を返還　⑦すべての日程で帰国生入試を実施　延納は願書に併願校の記入がある者のみ可へ

マ

**聖園女学院○**
① 20 分まで　②ある　③実施・まったく合否には関係しない　④なし　⑤予定・電話　⑥施設設備費は４月に納入　⑦午後入試 2/1 と 2/2 に実施へ　面接を受験生３名のグループ面接へ

**豊島岡女子学園○**
① 20 分まで　②あり（要事前連絡）③なし　④なし　⑤候補者発表を予定・掲示とインターネット　⑥ 2/13 正午までに辞退の場合施設設備費を返還　⑦なし

**獨協●**
①認める（時間制限なし・試験時間の延長なし）②ある　③なし　④なし　⑤予定・電話　⑥施設費 120,000 円返還可　⑦なし

**獨協埼玉◎**
① 15 分まで　②ある　③なし　④なし　⑤未定・電話　⑥手続金 50,000 円を除き 2/5　16:00 まで延納可　⑦日程変更① 1/12 → 1/11　② 1/18 → 1/12　③ 2/3 午後→ 1/18　①～③で延納可へ

ナ

**中村○**
①午前入試（試験時間の延長なし）・午後入試（60 分まで）②ある　③なし　④なし　⑤予定・電話　⑥指定日までに辞退の場合全額返還　⑦ 2/5 入試出願期限当日までに変更

**西大和学園□**
① 20 分まで　②ある　③なし　④なし　⑤未定・方法未定

**二松學舍大学附属柏◎**
①認める（試験時間の延長なし）②ある　③なし　④なし　⑤なし　⑥第１回・第２回は入学手続猶予願提出により 2/3　15:00 まで延納可　⑦グローバルコースⅠ新設　グローバルコース受験の場合社・理または英語選択へ

**新渡戸文化◎**
① 20 分まで　②ある　③実施・かなり重視する　④なし　⑤未定・その他の方法　⑥なし　⑦ベストツー入試実施なし　２科入試国・社または算・理へ　４科入試国・算・社・理各 100 点へ

**日本学園●**
① 30 分まで　②ある　③なし　④なし　⑤未定　⑦入試日程変更あり

**日本工業大学駒場◎**
① 30 分まで　②ある　③なし　④なし　⑤予定・電話　⑥なし　⑦なし

**日本女子大学附属○**
① 50 分（１時間目終了まで）②ある　③実施・参考程度　④なし　⑤予定・電話　⑥手続きにより施設設備費 283,000 円を 2/10 まで延納可（3/31 までに辞退の場合は返還可）⑦なし

**日本大学◎**
① 20 分まで　②ある（状況により対応）③なし　④なし　⑤なし

**日本大学第一◎**
①認める　②ある　③なし　④なし　⑤未定　⑥なし　⑦なし

**日本大学第二◎**
① 20 分まで　②ある　③実施・ある程度考慮する　④なし　⑤予定・掲示とインターネット　⑥なし　⑦なし

**日本大学第三◎**
① 10 分まで（交通機関等の遅延には対応）②ある　③東京・神奈川以外から受験または帰国子女の場合保護者面接実施　④なし　⑤予定・電話　⑥なし　⑦なし

**日本大学豊山●**
① 20 分まで　②ある　③なし　④なし　⑤なし　⑥なし　⑦ web 出願、web 入学手続導入　新校舎完成

**日本大学豊山女子○**
① 30 分まで　②ある　③なし　④なし　⑤予定・電話　⑥なし　⑦日程変更 2/1 午後入試実施

**日本大学藤沢◎**
① 20 分まで　②ある　③なし　④なし　⑤なし　⑥なし　⑦なし

ハ

**函館白百合学園○**
①認める（試験時間延長なし）②ある　③本校会場は実施・ある程度考慮する　④なし　⑤なし　⑥なし　⑦なし

**函館ラ・サール●**
① 30 分まで　②ある　③なし　④なし　⑤予定・電話　⑥第１次入試は延納手続金 50,000 円納入により 2/4 まで延納可　⑦名称変更前期→第１次　後期→第２次

**八王子学園八王子◎**
①認める（時間は状況により変わる）②ある　③なし　④なし　⑤なし　⑥なし　⑦なし

**八王子実践◎**
① 20 分まで　②ある　③実施・かなり重視する　④非公表　⑤なし

**日出学園◎**
①認める　②ある　③実施・ある程度考慮する　④なし　⑤なし　⑥併願合格者は 150,000 円納入により施設設備費 200,000 円を 2/7 11:00 まで延納可　⑦なし

**広尾学園◎**
① 30 分まで　②ある　③なし　④なし　⑤未定・電話　⑦インターナショナルコース２クラスへ　中学課程に医進・サイエンスコース設置

**山脇学園◯**
①20分まで　②ある　③なし　④なし　⑤予定・電話　⑥2/7までに辞退の場合学園維持費を返還

**横須賀学院◎**
①20分まで　②ある　③英語入試選択者は保護者同伴面接あり・かなり重視する　④約30点程度　⑤未定　⑥施設費のみ延納可　⑦インターネット出願へ切り替え　英語入試新設

**横浜●**
①20分まで　②ある　③なし　④なし　⑤予定・電話　⑥施設費返還可　⑦2/1午前適性検査型入試実施

**横浜英和女学院◯**
①15分まで　②ある　③実施・参考程度　④なし　⑤予定・電話

**横浜共立学園◯**
①認めない　②ある　③実施・かなり重視　④なし　⑤未定・電話　⑥なし　⑦なし

**横浜女学院◯**
①20分まで　②ある　③なし　④なし　⑤予定・電話　⑥2/27までに入学辞退届提出により施設費150,000円を返還　⑦社・理の試験時間と点数変更社・理合わせて50分100点→社・理各30分各60点　午後入試は2科（国・算）のみへ

**横浜翠陵◎**
①認める　②ある　③なし　④なし　⑤なし　⑥3/31　16:00までに申請した場合納入金の一部（施設費・トレッキングキャンプ費）を返還

**横浜創英◎**
①10分まで　②ある　③なし　④ある・非公表　⑤未定　⑥なし　⑦なし

**横浜隼人●**
①20分まで　②ある　③なし　④なし　⑤未定・電話　⑥公立中高一貫校受検者は校納一時金（入学金・施設費）の延納措置あり　⑦名称変更選抜クラス合格→特待生合格へ

**横浜富士見丘学園◯**
①認める　②ある　③なし　④なし　⑤未定　⑥なし　⑦第4回（2/4午前）廃止　第3回B（2/3午後）新設

**横浜雙葉◯**
①15分まで（公共交通機関の遅延による場合は時間を繰り下げる等対応する）　②ある　③実施・参考程度　④なし　⑤未定・電話　⑥3/31までに辞退の場合施設設備資金200,000円を返還　⑦サンデーチャンスのため2/2に筆記試験を実施

## ラ

**立教池袋●**
①認める（特別な場合のみ校長が判断）　②ある　③第2回（AO入試）のみ実施・かなり重視する　④なし　⑤予定・掲示とインターネット（参考発表）　⑥2/7　10:00までに辞退を申し出た場合維持資金の一部100,000円を返還　⑦なし

**立教女学院◯**
①認める　②ある　③実施・まったく合否には関係しない　④なし　⑤なし・行う場合その他の方法　⑥2/9正午までに辞退届提出により施設費と藤の会入会金を返還

**立教新座●**
①25分まで　②ある　③なし　④なし　⑤予定・電話　⑥2/21正午までに辞退手続完了の場合入学金以外の納付金100,000円を返還　⑦なし

**立正大学付属立正◎**
①20分まで　②ある　③なし　④なし　⑤なし

**麗澤◎**
①20分まで　②ある　③なし　④なし　⑤なし・行う場合電話　⑥なし　⑦コース別募集へ（アドバンスト叡知コース30名・エッセンシャル叡知コース110名）　入試成績上位合格者を特別奨学生に認定へ　1/21入試新設　第1回～第3回合格発表は当日22:00にインターネットで実施

## ワ

**早稲田●**
①国・算25分まで　社・理15分まで　②ある　③なし　④なし　⑤未定・電話　⑥辞退の場合返還制度あり　⑦なし

**早稲田実業学校◎**
①20分まで　②ある　③なし　④なし　⑤なし　⑦なし

**早稲田摂陵◎**
①20分まで　②ある　③なし　④なし　⑤なし　⑥なし　⑦なし

**早稲田大学高等学院●**
①20分まで　②ある　③実施・かなり重視　⑤未定

**和洋九段女子◯**
①認める（試験時間の延長なし）　②ある　③なし　④なし　⑤未定・電話　⑥なし　⑦なし

**和洋国府台女子◯**
①15分まで　②ある　③なし　④ある・非公表　⑤なし　⑦午後入試実施しない　集合時間繰り下げ　第2回・第3回は高校が会場となる

## マ

**三田国際学園◎**
①20分まで　②ある　③なし　④なし　⑤なし　⑦校名変更　男女共学化　帰国生入試実施

**緑ヶ丘女子◯**
①30分まで　②ある　③なし　④なし　⑤なし　⑥なし　⑦なし

**三輪田学園◯**
①15分まで　②ある　③なし　④なし　⑤予定・電話　⑥なし　⑦日程変更2/3→2/2・2/5→2/4　2/1・2/2を2科・4科選択へ　面接を廃止　2/1の合格手続を2/3まで延長

**武蔵●**
①状況により判断　②ある（使用は状況により判断）　③なし　④なし　⑤予定・電話　⑦なし

**武蔵野◎**
①20分まで　②ある　③実施・かなり重視する　④なし　⑤なし　⑥なし

**武蔵野女子学院◯**
①25分まで　②ある　③なし　④なし　⑤なし　⑥公立中高一貫校受検者はその合格発表日まで延納可　⑦選抜進学コース新設

**武蔵野東◎**
①20分まで　②ある（急な体調不良に限る）　③実施・ある程度考慮する　④ある　⑤未定　⑥第1回適性試験は国公立中高一貫校受検者に限りその発表日の15:00まで延納可　⑦日程・科目等変更あり

**茗溪学園◎**
①なし（試験時間の延長なし）　②ある　③推薦・寮生・海外帰国生は実施・かなり重視する　④ある・点数は非公表　⑤なし・行う場合掲示とインターネット　⑥一般入試1回目のみ延納可　⑦グローバルコース新設、AO入試を実施　推薦入試において英検3級合格者は出願可へ

**明治学院◎**
①原則10分まで（試験時間の延長なし）　②ある　③なし　④約3割程度　⑤予定・電話　⑥なし　⑦なし（ただし集合・試験開始時間などは例年変更あり）

**明治大学付属中野●**
①原則認めない（事情により対応）　②ある　③なし　④なし　⑤未定・電話　⑥なし

**明治大学付属中野八王子◎**
①30分まで　②ある　③なし　④なし　⑤未定・掲示とインターネット　⑥なし　⑦出願方法郵送のみへ

**明治大学付属明治◎**
①30分まで　②ある　③なし　④なし　⑤予定・電話　⑥延納制度あり（入学金以外）

**明星◎**
①認めない（8:15の出席確認から30分間のみ可）　②ある　③実施・かなり重視　④なし　⑤未定・掲示とインターネット　⑥なし　⑦第1回2科受験のみ実施へ

**明法●**
①1時間目終了まで　②ある　③なし　④なし　⑤なし　⑥なし

**目黒学院◎**
①30分まで　②ある　③特待生希望者のみ実施・かなり重視　④教科により1～2割程度　⑤なし　⑥3/31までに辞退の場合全額返還　⑦一能一芸入試創設

**目黒星美学園◯**
①50分まで　②ある　③なし　④なし　⑤予定・電話　⑥なし　⑦なし

**目白研心◎**
①20分まで　②ある　③なし　④なし　⑤未定　⑥辞退の場合施設設備費を返還　⑦第5回日程変更2/3→2/5　2/1午後第2回国・英での受験選択可へ　特進コースから選抜コースへのスライド合格を実施　郵送出願を実施　すべての回で特待生選抜試験を実施

**森村学園◎**
①20分まで　②ある　③なし　④なし　⑤未定・電話　⑥施設維持費2/13まで延納可　⑦第3回日程2/5→2/4　帰国生入試入試科目国・算→国・算か国・算・英選択へ

## ヤ

**八雲学園◯**
①認める（時間は個別に対応）　②ある　③なし　④なし　⑤なし　⑥なし　⑦第4回入試科目4科→2科・4科選択へ　募集定員変更第1回30名→34名　第3回35名→30名　第4回31名→30名

**安田学園◎**
①20分まで　②ある　③なし　④なし　⑤なし

**山手学院◎**
①15分まで　②ある　③なし　④なし　⑤未定　⑦後期日程2/7→2/6

# まだまだあります！ 2014年11月10日（月）→2015年1月29日（木）

# 学校説明会

●男子校 ○女子校
◎共学校 □別学校

データ提供：森上教育研究所

原則的に受験生と保護者対象のイベントを掲載しています。保護者または受験生のみが対象の場合はそれぞれ「保護者」「受験生」と記載しています。

対象学年についての詳細は各中学校にご確認ください。
※日程や時間などは変更になる場合もございます。おでかけの際にはかならず各中学校にご確認ください。

| 学校名 | 行事内容 | 開催日 | 開始時間 | 予約 | 備考 |
|---|---|---|---|---|---|
| ○大妻多摩 | 学校説明会 | 11月17日（月） | 10:00 | 不 | |
| | 入試模擬体験 | 11月24日（月） | 9:00 | 要 | |
| | 最後の入試説明会 | 1月6日（火） | 9:00 | 要 | |
| | 合唱祭 | 1月23日（金） | 11:45 | 要 | パルテノン多摩 |
| ○大妻中野 | アフターアワーズ説明会 | 11月14日（金） | 19:00 | 不 | |
| | 入試問題説明会 | 11月15日（土） | 10:15 | 不 | |
| | 学校説明会 | 11月15日（土） | 14:00 | 不 | |
| | 入試問題説明会 | 12月6日（土） | 10:15 | 不 | |
| | 入試問題説明会・体験会 | 1月11日（日） | 10:15 | 不 | |
| ○大妻嵐山 | 入試説明会 | 11月22日（土） | 10:00 | 不 | |
| | | 12月14日（日） | 10:00 | 不 | |
| | | 12月21日（日） | 10:00 | 不 | |
| ◎大宮開成 | ミニ学校説明会 | 11月15日（土） | 13:30 | 不 | |
| | 入試対策会 | 11月23日（日） | 9:00 | 要 | 受験生 |
| | 学校説明会 | 11月27日（木） | 10:00 | 不 | |
| | | 12月6日（土） | 10:00 | 不 | |
| | | 12月15日（月） | 10:00 | 不 | |
| ○小野学園女子 | 個別見学会 | 11月15日（土） | 9:40 | 要 | |
| | | 11月15日（土） | 10:40 | 要 | |
| | 入試説明会・学校説明会 | 11月22日（土） | 13:30 | 不 | |
| | | 12月20日（土） | 13:30 | 不 | |
| | 個別見学会 | 12月27日（土） | 10:40 | 要 | |
| | 入試説明会・学校説明会 | 1月17日（土） | 13:30 | 不 | |
| カ ●海城 | 入試説明会（5年生以下限定） | 11月15日（土） | 13:30 | 要 | |
| ◎開智 | 学校説明会 | 11月15日（土） | 10:00 | 不 | |
| | 入試問題説明会 | 12月6日（土） | 14:00 | 不 | |
| ◎開智日本橋学園 | 中学入試体験会 | 11月16日（日） | 8:30 | 要 | 受験生 |
| | 入試説明会 | 11月29日（土） | 10:00 | 不 | |
| | イブニング相談会 | 12月3日（水） | 18:00 | 不 | |
| | | 12月4日（木） | 18:00 | 不 | |
| | 中学入試体験会 | 12月14日（日） | 8:30 | 要 | 受験生 |
| | | 1月11日（日） | 8:30 | 要 | 受験生 |
| | 入試直前情報会 | 1月17日（土） | 14:00 | 不 | |
| ◎開智未来 | 授業見学・親サプリ | 11月12日（水） | 10:00 | 不 | 保護者 |
| | 入試対策講座 | 11月23日（日） | 10:00 | 不 | |
| | クリスマスサプリ | 12月6日（土） | 10:00 | 要 | |
| | | 12月21日（日） | 10:00 | 要 | |
| | | 12月21日（日） | 13:30 | 要 | |
| ◎かえつ有明 | 学校説明会 | 11月23日（日） | 10:00 | 不 | |
| | 入試体験 | 12月13日（土） | 8:30 | 要 | |
| | 学校説明会 | 12月21日（日） | 10:00 | 不 | |
| | | 1月10日（土） | 10:00 | 不 | |
| ●学習院 | 学校説明会 | 11月15日（土） | 14:00 | 不 | |
| ○学習院女子 | 学校説明会 | 11月22日（土） | 14:00 | 不 | 保護者 |
| | | 11月22日（土） | 15:30 | 不 | 保護者 |
| ◎春日部共栄 | 学校説明会 | 11月22日（土） | 10:00 | 不 | |
| | | 12月13日（土） | 10:00 | 不 | |
| | | 12月21日（日） | 10:00 | 不 | |
| ◎片山学園 | 入試対策授業 | 11月23日（日） | 9:00 | 要 | |
| | 学校説明会 | 12月6日（土） | 14:00 | 要 | |

| 学校名 | 行事内容 | 開催日 | 開始時間 | 予約 | 備考 |
|---|---|---|---|---|---|
| ア ○愛国 | 学校説明会 | 11月19日（水） | 17:30 | 不 | |
| | | 11月22日（土） | 10:00 | 不 | |
| | | 11月22日（土） | 14:00 | 不 | |
| | | 11月30日（日） | 10:00 | 不 | |
| | | 11月30日（日） | 14:00 | 不 | |
| | | 12月6日（土） | 10:00 | 不 | |
| | | 1月12日（月） | 10:00 | 不 | |
| ●足立学園 | 入試体験会 | 11月22日（土） | 14:00 | 要 | |
| | 学校説明会 | 11月29日（土） | 10:00 | 不 | |
| | | 12月20日（土） | 10:00 | 不 | |
| | 小6対象入試直前対策 | 1月10日（土） | 10:00 | 要 | |
| | 小4・小5対象中学校体験会 | 2月21日（土） | 14:00 | 要 | |
| ◎アレセイア湘南 | 学校説明会・入試体験 | 11月15日（土） | 9:30 | 要 | |
| | パイプオルガンコンサート | 12月6日（土） | 13:30 | 不 | 保護者 |
| | スクールガイド（校内見学・個別相談） | 12月13日（土） | 10:00 | 要 | |
| | 学校説明会 | 1月10日（土） | 10:30 | 不 | |
| | スクールガイド（校内見学・個別相談） | 1月17日（土） | 10:00 | 要 | |
| ◎茨城キリスト教学園 | クリスマス礼拝 | 12月12日（金） | 13:30 | 不 | |
| | Winter Festival | 12月13日（土） | 14:00 | 不 | |
| ◎上野学園 | 入試体験 | 11月22日（土） | 10:00 | 要 | |
| | 学校説明会 | 12月13日（土） | 10:00 | 要 | |
| | | 1月10日（土） | 10:00 | 要 | |
| ○浦和明の星女子 | 学校説明会 | 12月6日（土） | 9:30 | 不 | |
| ◎浦和実業学園 | 公開授業 | 11月18日（火） | 9:00 | 不 | |
| | | 11月19日（水） | 9:00 | 不 | |
| | | 11月20日（木） | 9:00 | 不 | |
| | 入試問題学習会 | 11月23日（日） | 10:00 | 不 | |
| | ミニ説明会 | 11月23日（日） | 10:10 | 不 | 保護者 |
| | 入試問題学習会 | 12月21日（日） | 10:00 | 不 | |
| | ミニ説明会 | 12月21日（日） | 10:10 | 不 | 保護者 |
| ●栄光学園 | 学校説明会 | 11月29日（土） | 10:00 | 不 | |
| ◎穎明館 | 学校説明会 | 11月10日（月） | 10:00 | 不 | |
| | | 12月6日（土） | 10:00 | 不 | |
| ◎江戸川学園取手 | 入試説明会 | 11月29日（土） | 10:00 | 不 | |
| ○江戸川女子 | 学校説明会 | 12月6日（土） | 14:00 | 不 | |
| ○桜蔭 | 学校説明会 | 11月12日（水） | 9:30 | 要 | 保護者 |
| ◎桜美林 | 学校説明会 | 11月15日（土） | 14:00 | 不 | |
| | 入試説明会 | 12月13日（土） | 10:00 | 不 | |
| | クリスマスキャロリング | 12月20日（土） | 16:00 | 不 | |
| | 入試説明会 | 1月10日（土） | 14:00 | 不 | |
| ○鷗友学園女子 | 学校説明会 | 11月15日（土） | 10:00 | 要 | |
| | | 11月18日（火） | 10:00 | 要 | 保護者 |
| | | 12月13日（土） | 10:00 | 要 | |
| | 入試対策講座 | 12月13日（土） | 13:00 | 要 | |
| | | 12月13日（土） | 15:00 | 要 | |
| ○大妻 | 入試説明会 | 11月22日（土） | 14:00 | 要 | |
| | 学校説明会 | 12月21日（日） | 10:30 | 要 | |

# まだまだあります！ 学校説明会

| 学校名 | 行事内容 | 開催日 | 開始時間 | 予約 | 備考 |
|---|---|---|---|---|---|
| 〇共立女子第二 | 共立杯 | 11月30日(日) | 8:30 | 要 | |
| | 入試問題解説会 | 12月６日(土) | 14:00 | 要 | |
| | 学校説明会 | 12月６日(土) | 14:00 | 不 | |
| | 適性検査型入試説明会 | 12月20日(土) | 10:30 | 不 | |
| | 入試体験 | １月11日(日) | 9:30 | 要 | |
| ◎国立音楽大学附属 | 学校説明会 | 11月29日(土) | 14:00 | 不 | |
| | 冬期受験準備講習会 | 12月25日(木) | | 要 | 受験生 |
| | | 12月26日(金) | | 要 | 受験生 |
| 〇国本女子 | 学校公開 | 11月20日(木) | 9:00 | 不 | |
| | | 11月21日(金) | 9:00 | 不 | |
| | | 11月22日(土) | 9:00 | 不 | |
| | 学校説明会 | 12月20日(土) | 14:00 | 不 | |
| | ウィンターコンサート | 12月20日(土) | 14:00 | 不 | |
| | 入試説明会 | １月17日(土) | 10:00 | 不 | |
| ◎公文国際学園 | 入試説明会 | 12月14日(日) | 10:00 | 不 | |
| ●京華 | 特別選抜クラス説明会(＋特待説明) | 11月23日(日) | 10:30 | 不 | |
| | 説明会(＋理社入試問題解説) | 11月30日(日) | 14:00 | 不 | |
| | ナイト説明会 | 12月12日(金) | 18:00 | 要 | |
| | 個別相談会 | 12月21日(日) | 10:30 | 不 | |
| | 説明会(＋国算入試問題解説) | 12月21日(日) | 14:30 | 不 | |
| | 説明会(＋模擬入試体験) | １月11日(日) | 9:00 | 不 | |
| | 個別相談会 | １月18日(日) | 10:30 | 不 | |
| 〇恵泉女学園 | 入試説明会 | 11月22日(土) | 10:30 | 要 | |
| | 学校説明会 | 12月６日(土) | 10:00 | 不 | |
| | クリスマス礼拝 | 12月18日(木) | 13:00 | 要 | |
| ◎啓明学園 | 模擬入試体験会 | 11月24日(月) | | 不 | |
| | | 12月13日(土) | | 要 | |
| 〇光塩女子学院 | 学校説明会 | 11月16日(日) | 14:00 | 不 | |
| | 過去問説明会 | 11月29日(土) | 14:00 | 要 | |
| | 校内見学会 | 12月６日(土) | 10:30 | 要 | |
| | | １月10日(土) | 10:30 | 要 | |
| | | １月24日(土) | 10:30 | 要 | |
| 〇晃華学園 | 入試説明会・学校説明会 | 11月24日(月) | 10:00 | 不 | |
| | | 12月20日(土) | 10:00 | 不 | |
| | 学校見学会 | １月17日(土) | 10:00 | 要 | |
| ◎工学院大学附属 | 学校説明会 | 11月18日(火) | 10:00 | 不 | 保護者 |
| | | 12月６日(土) | 10:00 | 不 | |
| | 入試本番模擬試験 | 12月６日(土) | 9:30 | 不 | |
| | クリスマス説明会・相談会 | 12月21日(日) | 10:00 | 不 | |
| | 学校説明会 | １月10日(土) | 14:00 | 不 | |
| ●攻玉社 | 土曜説明会 | 11月29日(土) | 11:15 | 要 | |
| | 入試説明会(６年生対象) | 12月６日(土) | 10:20 | 不 | |
| | | １月17日(土) | 10:20 | 不 | |
| | 土曜説明会 | １月24日(土) | 11:15 | 要 | |
| 〇麴町学園女子 | 学校説明会 | 11月19日(水) | 10:30 | 不 | |
| | 入試説明会 | 12月６日(土) | 14:30 | 不 | |
| | 入試直前！入試体験 | 12月21日(日) | 9:00 | 要 | |
| | ５年生以下対象体験イベント | 12月21日(日) | 14:30 | 要 | |
| | 入試説明会 | １月15日(木) | 10:30 | 不 | |
| | | １月25日(日) | 10:30 | 不 | |
| ●佼成学園 | 学校説明会 | 11月21日(金) | 18:30 | 不 | |
| | | 12月13日(土) | 14:00 | 不 | |
| | | １月10日(土) | 14:00 | 不 | |
| 〇佼成学園女子 | 学校説明会 | 11月16日(日) | 14:00 | 要 | |
| | PISA型入試問題学習会 | 12月６日(土) | 14:00 | 要 | |
| | 学校説明会 | 12月13日(土) | 10:00 | 要 | |
| | | １月10日(土) | 14:00 | 要 | |
| | 出願直前個別相談会 | １月17日(土) | 10:00 | 不 | |
| □國學院大學久我山 | STクラス説明会 | 11月15日(土) | 13:30 | 不 | |
| | 学校説明会 | 11月28日(金) | 13:30 | 不 | 調布市グリーンホール |
| | 中学入試もぎ試験～４教科この１問～ | 12月14日(日) | 10:00 | 不 | |
| ◎国際学院 | 入試対策学習会 | 11月14日(金) | 10:00 | 要 | |
| | イブニング学校説明会 | 11月26日(水) | 18:30 | 要 | 大宮学習センター |
| | 入試対策学習会 | 12月６日(土) | 14:00 | 要 | |
| | 学校説明会 | 12月20日(土) | 14:00 | 要 | |
| | | 12月25日(木) | 10:00 | 要 | |

| 学校名 | 行事内容 | 開催日 | 開始時間 | 予約 | 備考 |
|---|---|---|---|---|---|
| 〇神奈川学園 | 学校説明会 | 11月22日(土) | 10:30 | 不 | |
| | 入試問題説明会 | 12月13日(土) | 8:30 | 要 | |
| | 学校説明会 | １月10日(土) | 10:30 | 不 | |
| ◎神奈川大学附属 | 入試説明会 | 11月12日(水) | 10:30 | 不 | |
| | | 12月10日(水) | 10:30 | 不 | |
| ●鎌倉学園 | 入試説明会・学校説明会 | 11月29日(土) | 13:30 | 要 | |
| | 中学入試に向けて | 12月13日(土) | 10:00 | 要 | |
| 〇鎌倉女学院 | 学校説明会 | 11月15日(土) | 10:00 | 不 | |
| 〇鎌倉女子大学 | 学校説明会 | 11月22日(土) | 10:00 | 要 | |
| 〇カリタス女子 | カリタスDEナイト(学校説明会) | 12月17日(水) | 18:00 | 要 | |
| 〇川村 | 学園祭(文化祭)(ミニ説明会有) | 11月15日(土) | 10:00 | 不 | |
| | | 11月16日(日) | 10:00 | 不 | |
| | 入試対策講座 | 11月24日(月) | 10:00 | 要 | |
| | 公開授業 | 12月13日(土) | 午前 | 要 | |
| | 入試対策講座 | 12月13日(土) | 14:00 | 要 | |
| | | 12月20日(土) | 午後 | 要 | |
| | | １月10日(土) | 14:00 | 要 | |
| 〇神田女学園 | 学校説明会 | 11月15日(土) | 10:00 | 不 | |
| | 入試模擬体験 | 12月14日(日) | 8:30 | 要 | |
| | クリスマスコンサート | 12月20日(土) | 13:30 | 不 | |
| | 学校説明会 | １月10日(土) | 10:00 | 不 | |
| | 個別相談会 | １月17日(土) | 10:00 | 要 | |
| | 学校説明会 | １月24日(土) | 10:00 | 不 | |
| ◎関東学院 | 過去問勉強会 | 12月６日(土) | 9:30 | 未 | |
| | | 12月６日(土) | 13:30 | 未 | |
| ◎関東学院六浦 | ６年生のための勉強会 | 11月15日(土) | 8:50 | 要 | |
| | 学校説明会 | 11月15日(土) | 9:30 | 不 | |
| | | 12月６日(土) | 10:00 | 不 | |
| 〇函嶺白百合学園 | 入試個別相談会 | 12月18日(木) | 10:00 | 要 | |
| | クリスマス会 | 12月18日(木) | 10:00 | 要 | |
| 〇北鎌倉女子学園 | 入試過去問題学習会 | 11月15日(土) | 9:30 | 要 | |
| | 音楽科定期演奏会 | 11月15日(土) | 13:30 | 不 | 鎌倉芸術館 |
| | 音楽コース個別相談会 | 11月29日(土) | 9:00 | 不 | |
| | 入試実技試演会 | 12月６日(土) | 9:10 | 要 | |
| | ミニ説明会 | １月10日(土) | 10:00 | 要 | |
| 〇北豊島 | 授業見学会 | 11月10日(月) | 9:00 | 要 | |
| | | 11月11日(火) | 9:00 | 要 | |
| | | 11月12日(水) | 9:00 | 要 | |
| | | 11月13日(木) | 9:00 | 要 | |
| | | 11月14日(金) | 9:00 | 要 | |
| | | 11月15日(土) | 9:00 | 要 | |
| | 特別奨学生セミナー | 11月23日(日) | 9:00 | 要 | |
| | ギター発表会 合唱コンクール | 11月29日(土) | 8:30 | 不 | |
| | 学校説明会 | 11月29日(土) | 11:00 | 要 | |
| | 授業見学会 | 12月１日(月) | 9:00 | 要 | |
| | | 12月２日(火) | 9:00 | 要 | |
| | | 12月３日(水) | 9:00 | 要 | |
| | | 12月４日(木) | 9:00 | 要 | |
| | | 12月５日(金) | 9:00 | 要 | |
| | | 12月６日(土) | 9:00 | 要 | |
| | 学校説明会 | 12月14日(日) | 10:00 | 要 | |
| | 特別奨学生セミナー | 12月21日(日) | 9:00 | 要 | |
| | 学校説明会 | 12月23日(火) | 10:00 | 要 | |
| | | １月11日(日) | 10:00 | 要 | |
| 〇吉祥女子 | 学校説明会 | 11月15日(土) | 10:30 | 不 | |
| | 入試問題説明会 | 12月７日(日) | 10:30 | 不 | 受験生 |
| | | 12月７日(日) | 14:00 | 不 | 受験生 |
| ◎共栄学園 | 冬の見学会 | 11月15日(土) | 10:00 | 不 | |
| | 入試説明会 | 11月16日(日) | 9:30 | 不 | 保護者 |
| | 模擬入試体験会 | 11月16日(日) | 9:30 | 不 | 受験生 |
| | 冬の見学会 | 11月22日(土) | 10:00 | 不 | |
| | | 11月29日(土) | 10:00 | 不 | |
| | | 12月20日(土) | 10:00 | 不 | |
| | 入試説明会 | 12月21日(日) | 9:30 | 不 | 保護者 |
| | 模擬入試体験会 | 12月21日(日) | 9:30 | 不 | 受験生 |
| 〇共立女子 | 入試説明会(６年生対象) | 12月６日(土) | 10:00 | 不 | |
| | ナイト入試説明会 | 12月19日(金) | 18:30 | 不 | 保護者 |

| 学校名 | 行事内容 | 開催日 | 開始時間 | 予約 | 備考 |
|---|---|---|---|---|---|
| ○品川女子学院 | 入試説明会 | 11月13日(木) | 10:00 | 要 | |
| | オープンキャンパス | 11月15日(土) | 14:00 | 要 | |
| | 入試説明会 | 11月22日(土) | 14:00 | 要 | |
| | | 12月5日(金) | 10:00 | 要 | |
| | 長期休暇中校舎見学会 | 12月20日(土) | 9:30 | 要 | |
| | | 12月27日(土) | 9:30 | 要 | |
| | 入試説明会 | 1月9日(金) | 18:50 | 要 | 保護者 |
| | 校舎見学会 | 1月10日(土) | 9:30 | 要 | |
| | | 1月17日(土) | 9:30 | 要 | |
| ●芝 | 学校説明会 | 11月29日(土) | 11:00 | 不 | |
| ●芝浦工業大学 | 体験入学 | 11月22日(土) | | 要 | 受験生 |
| | 学校説明会 | 1月10日(土) | | 要 | 保護者 |
| ◎芝浦工業大学柏 | 入試説明会 | 11月24日(月) | 10:00 | 不 | |
| | | 12月23日(火) | 14:00 | 不 | |
| ◎渋谷教育学園渋谷 | 学校説明会 | 11月15日(土) | 13:30 | 不 | |
| ○自由学園女子部 | 入試説明会 | 12月6日(土) | 14:30 | 不 | |
| | 入試相談会 | 1月10日(土) | 10:00 | 不 | |
| | | 1月10日(土) | 13:30 | 不 | |
| ●自由学園男子部 | 勉強会 | 11月29日(土) | 12:40 | 不 | |
| | 個別相談会 | 11月29日(土) | 14:30 | 不 | |
| | 勉強会 | 12月13日(土) | 12:40 | 不 | |
| | 個別相談会 | 12月13日(土) | 14:30 | 不 | |
| | 学校説明会 | 1月17日(土) | 12:00 | 不 | |
| ◎秀光 | 秀光祭(文化祭) | 11月16日(日) | 13:00 | 要 | |
| | 入試説明会 | 12月7日(日) | 14:00 | 要 | アルカディア市ヶ谷 |
| | | 12月13日(土) | 14:00 | 要 | |
| | | 12月20日(土) | 14:00 | 要 | |
| ◎秀明八千代 | 学校説明会 | 11月15日(土) | 10:00 | 要 | |
| | | 11月16日(日) | 10:00 | 要 | |
| | | 12月14日(日) | 10:00 | 要 | |
| ○十文字 | 学校説明会 | 11月14日(金) | 10:00 | 不 | |
| | | 11月23日(日) | 10:00 | 不 | |
| | | 12月7日(日) | 10:00 | 不 | |
| | 個別相談会 | 12月23日(火) | 10:00 | 不 | |
| | 学校説明会 | 1月6日(火) | 10:00 | 不 | |
| | 個別相談会 | 1月6日(火) | 10:00 | 不 | |
| ◎淑徳巣鴨 | 入試体験説明会 | 11月23日(日) | 9:00 | 要 | |
| | 学校説明会 | 11月23日(日) | 9:00 | 要 | |
| | | 12月14日(日) | 11:00 | 要 | |
| | 入試対策説明会 | 1月11日(日) | 11:00 | 要 | |
| | | 1月11日(日) | 14:00 | 要 | |
| ○淑徳与野 | 学校説明会 | 11月22日(土) | 10:00 | 不 | |
| | | 12月12日(金) | 13:30 | 不 | |
| ◎順天 | 入試説明会・学校説明会 | 11月22日(土) | 13:00 | 不 | |
| | 弁論・読書感想発表会 | 11月27日(木) | 13:30 | 要 | 保護者 |
| | 学校説明会 | 12月13日(土) | 13:00 | 不 | |
| ●城西川越 | オープンスクール | 11月15日(土) | 10:30 | 要 | 受験生 |
| | 問題解説学習会 | 11月23日(日) | | 要 | 受験生 |
| | 学校説明会 | 12月6日(土) | 14:30 | 不 | 保護者 |
| ◎城西大学附属城西 | 学校説明会 | 11月15日(土) | 10:30 | 不 | |
| | | 11月19日(水) | 18:00 | 不 | |
| | 入試説明会 | 11月30日(日) | 10:30 | 不 | |
| | 学校説明会 | 12月6日(土) | 14:30 | 不 | |
| | | 1月10日(土) | 10:00 | 不 | |
| ◎常総学院 | 常友祭(個別相談) | 11月10日(月) | 10:00 | 不 | |
| | 入試説明会 | 12月6日(土) | 15:00 | 要 | 三井ガーデンホテル柏の葉 |
| ◎聖徳学園 | 学校説明会 | 11月15日(土) | 10:00 | 要 | 保護者 |
| | 体験授業・説明会 | 11月22日(土) | 14:30 | 要 | |
| | | 12月21日(日) | 14:30 | 要 | |
| | | 1月10日(土) | 14:30 | 要 | |
| ◎湘南学園 | 入試説明会 | 11月19日(水) | 9:30 | 要 | |
| | 公開授業 | 11月21日(金) | 10:00 | 不 | |
| | 入試説明会 | 12月20日(土) | 9:30 | 要 | |
| | 冬休み学校見学期間 | 1月10日(土) | 10:00 | 要 | |
| | | 1月10日(土) | 11:00 | 要 | |
| | | 1月13日(火) | 10:00 | 要 | |
| | | 1月13日(火) | 11:00 | 要 | |
| | | 1月14日(水) | 10:00 | 要 | |
| | | 1月14日(水) | 11:00 | 要 | |
| | | 1月15日(木) | 10:00 | 要 | |
| | | 1月15日(木) | 11:00 | 要 | |
| | | 1月16日(金) | 10:00 | 要 | |

| 学校名 | 行事内容 | 開催日 | 開始時間 | 予約 | 備考 |
|---|---|---|---|---|---|
| カ ◎国士舘 | 授業見学会 | 11月11日(火) | 13:00 | 要 | 保護者 |
| | 入試説明会 | 11月29日(土) | 9:50 | 不 | |
| | 校内言道大会 | 12月5日(金) | 9:30 | 要 | 保護者 国士舘大学多目的ホール |
| | 入試説明会 | 12月6日(土) | 10:00 | 要 | |
| | | 1月10日(土) | 10:00 | 不 | |
| ◎駒込 | 個別相談会 | 11月15日(土) | 9:00 | 不 | |
| | 合唱コンクール | 11月18日(火) | | 不 | 川口リリア |
| | 学校説明会 | 11月22日(土) | 10:00 | 不 | |
| | 個別相談会 | 11月24日(月) | 9:00 | 不 | |
| | | 12月6日(土) | 9:00 | 不 | |
| | 説明会 | 12月20日(土) | 10:00 | 要 | |
| | | 1月10日(土) | 9:00 | 不 | |
| | | 1月12日(月) | 10:00 | 要 | |
| ○駒沢学園女子 | 学校説明会 | 11月29日(土) | 13:30 | 不 | |
| | | 1月10日(土) | 13:30 | 不 | |
| サ ◎埼玉栄 | 入試問題学習会 | 11月23日(日) | 9:00 | 要 | |
| | 入試説明会 | 12月6日(土) | 10:40 | 不 | |
| | 入試問題学習会 | 12月13日(土) | 10:00 | 要 | |
| | 入試説明会 | 12月25日(木) | 10:40 | 不 | |
| ◎さいたま市立浦和 | 公開授業 | 11月22日(土) | 8:30 | 不 | |
| | | 12月13日(土) | | 不 | |
| ◎埼玉大学教育学部附属 | 学校説明会 | 12月6日(土) | 10:00 | 不 | |
| ◎埼玉平成 | 個別相談会 | 11月15日(土) | 13:00 | 要 | |
| | | 11月22日(土) | 13:00 | 要 | |
| | 合唱コンクール | 11月29日(土) | 10:00 | 不 | |
| | 個別相談会 | 11月29日(土) | 13:00 | 要 | |
| | 入試説明会 | 12月6日(土) | 10:00 | 要 | |
| | 個別相談会 | 12月6日(土) | 13:00 | 要 | |
| | | 12月13日(土) | 13:00 | 要 | |
| | | 12月20日(土) | 13:00 | 要 | |
| ◎栄東 | 入試問題学習会 | 11月23日(日) | 8:30 | 要 | 受験生 |
| | 学校説明会 | 11月23日(日) | 8:40 | 不 | |
| | 入試問題学習会 | 11月23日(日) | 14:00 | 要 | 受験生 |
| | 学校説明会 | 11月23日(日) | 14:10 | 不 | |
| | | 12月13日(土) | 10:00 | 不 | |
| ○相模女子大学 | ナイト説明会 | 11月28日(金) | 19:00 | 不 | 保護者 ホテルセンチュリー相模大野 |
| | 学校説明会 | 12月6日(土) | 10:00 | 要 | |
| | ナイト説明会 | 12月19日(金) | 19:00 | 不 | 保護者 ホテルセンチュリー相模大野 |
| | 学校説明会 | 1月10日(土) | 10:00 | 要 | |
| | 入試相談会 | 1月16日(金) | 13:00 | 不 | 保護者 |
| | ナイト説明会 | 1月23日(金) | 19:00 | 不 | 保護者 ホテルセンチュリー相模大野 |
| | 主張コンクール | 1月24日(土) | 9:00 | 不 | |
| ◎佐久長聖 | 体験入学 | 11月16日(日) | 9:00 | 要 | |
| | 入学説明会 | 12月6日(土) | 10:00 | 不 | |
| ◎桜丘 | 入試説明会 | 11月16日(日) | 10:00 | 要 | |
| | | 12月13日(土) | 14:00 | 要 | |
| | 入試直前対策会 | 1月4日(日) | 13:00 | 要 | |
| | 入試説明会 | 1月17日(土) | 14:00 | 要 | |
| ◎佐野日本大学 | 入試説明会 | 12月7日(日) | 10:00 | 要 | |
| | | 1月24日(土) | 10:00 | 要 | |
| ◎狭山ヶ丘高等学校付属 | 学校見学説明会 | 11月15日(土) | 10:00 | 不 | |
| | 入試個別相談会 | 11月15日(土) | 13:30 | 不 | |
| | 学校見学説明会 | 12月6日(土) | 10:00 | 不 | |
| | 入試個別相談会 | 12月6日(土) | 13:30 | 不 | |
| | | 12月13日(土) | 9:00 | 不 | |
| | | 12月21日(日) | 9:00 | 不 | |
| | | 12月28日(日) | 9:00 | 不 | |
| ◎実践学園 | 授業公開 | 11月15日(土) | 10:30 | 不 | |
| | | 12月6日(土) | 10:30 | 不 | |
| | 校内自由見学 | 12月6日(土) | 14:00 | 不 | |
| | 入試問題説明会 | 12月21日(日) | 14:00 | 不 | |
| | 入試説明会 | 12月21日(日) | 14:00 | 不 | |
| | 入試体験会 | 1月17日(土) | 14:00 | 不 | |
| ○実践女子学園 | 学校説明会 | 12月13日(土) | 10:30 | 要 | |
| | | 1月17日(土) | 10:30 | 要 | |

## まだまだあります! 学校説明会

| 学校名 | 行事内容 | 開催日 | 開始時間 | 予約 | 備考 |
|---|---|---|---|---|---|
| 〇清泉女学院 | 親子見学会 | 12月6日(土) | 10:00 | 要 | |
| | 少人数見学会 | 12月10日(水) | 10:00 | 要 | 保護者 |
| 〇聖徳大学附属女子 | 学校説明会 | 11月15日(土) | 9:30 | 要 | |
| | | 11月30日(日) | 9:30 | 要 | |
| | 進学相談会 | 12月13日(土) | 9:30 | 要 | |
| | | 12月25日(木) | 9:30 | 要 | |
| | 学校説明会 | 1月10日(土) | 9:30 | 要 | |
| 〇聖徳大学附属取手聖徳女子 | 入試説明会 | 11月23日(日) | 10:00 | 要 | |
| | | 12月14日(日) | 10:00 | 要 | |
| | 音楽講習会 | 12月26日(金) | 10:00 | 要 | |
| 〇星美学園 | 入試体験会 | 12月21日(日) | 13:00 | 要 | |
| | 授業体験会 | 12月21日(日) | 14:00 | 不 | |
| | 学校説明会 | 12月21日(日) | 14:00 | 不 | |
| | クリスマス会 | 12月21日(日) | 16:00 | 要 | |
| | 学校説明会 | 1月17日(土) | 9:30 | 不 | |
| ◎西武学園文理 | 入試説明会・学校説明会 | 11月26日(水) | 10:00 | 不 | |
| ◎西武台千葉 | イブニング個別相談会 | 11月12日(水) | 17:00 | 不 | |
| | 入試報告会 | 11月16日(日) | 10:00 | 不 | |
| | イブニング個別相談会 | 11月26日(水) | 17:00 | 不 | |
| | イブニング説明会 | 12月4日(木) | 17:00 | 不 | |
| | 説明会・校内見学・個別相談 | 12月13日(土) | 14:00 | 不 | |
| ◎西武台新座 | 学校説明会 | 11月16日(日) | 10:00 | 要 | |
| ◎聖望学園 | 学校説明会 | 11月23日(日) | 10:00 | 要 | |
| | 入試問題解説授業 | 11月23日(日) | 11:00 | 要 | 受験生 |
| | クリスマスツリー点火式 | 12月1日(月) | 17:00 | 不 | |
| | 学校説明会 | 12月13日(土) | 10:00 | 要 | |
| | 入試問題解説授業 | 12月13日(土) | 11:00 | 要 | 受験生 |
| 〇聖ヨゼフ学園 | 学校見学会 | 11月15日(土) | 10:00 | 要 | |
| | 学校説明会 | 11月24日(月) | 10:00 | 不 | |
| | 入試問題勉強会 | 11月24日(月) | 10:00 | 要 | 受験生 |
| | クリスマスバザー・チャリティーコンサート | 11月30日(日) | 10:00 | 不 | |
| | | 11月30日(日) | 13:00 | 不 | |
| | 学校見学会 | 12月13日(土) | 10:00 | 要 | |
| | 体験入試 | 12月21日(日) | 9:00 | 要 | |
| | グリークラブ公演 | 1月17日(土) | 13:00 | 不 | |
| | 個別相談会 | 1月19日(月) | 9:00 | 要 | |
| | | 1月20日(火) | 9:00 | 要 | |
| | | 1月21日(水) | 9:00 | 要 | |
| | | 1月22日(木) | 9:00 | 要 | |
| | | 1月23日(金) | 9:00 | 要 | |
| ◎成立学園 | 学校説明会 | 11月22日(土) | 10:00 | 不 | |
| | 今のキミの学力が分かるテスト | 11月29日(土) | 8:30 | 要 | |
| | 個別相談会 | 12月6日(土) | 10:00 | 不 | |
| | | 12月13日(土) | 10:00 | 不 | |
| | | 12月20日(土) | 10:00 | 不 | |
| | 今のキミの学力が分かるテスト | 12月21日(日) | 8:30 | 要 | |
| | 個別相談会 | 12月25日(木) | 10:00 | 不 | |
| | 今のキミの学力が分かるテスト | 1月5日(月) | 8:30 | 要 | |
| ◎青稜 | イブニング説明会 | 11月14日(金) | 18:00 | 不 | 保護者 |
| | 入試説明会 | 11月22日(土) | 14:00 | 不 | |
| | | 11月29日(土) | 10:30 | 不 | 保護者 |
| | | 1月9日(金) | 10:30 | 不 | 保護者 |
| 〇聖和学院 | 個別説明会 | 11月20日(木) | 10:00 | 要 | |
| | | 12月4日(木) | 10:00 | 要 | |
| | クリスマス燭火礼拝 | 12月6日(土) | 10:00 | 不 | |
| | 個別説明会 | 12月13日(土) | 10:00 | 要 | |
| | | 12月20日(土) | 10:00 | 要 | |
| | 入試対策説明会・百人一首体験 | 1月10日(土) | 10:00 | 不 | |
| | 個別相談会 | 1月17日(土) | 10:00 | 要 | |
| | | 1月24日(土) | 10:00 | 要 | |
| ●世田谷学園 | 5年生以下対象学校説明会 | 11月14日(金) | 10:30 | 不 | |
| | 6年生対象学校説明会 | 11月15日(土) | 10:30 | 不 | |
| | | 11月25日(火) | 10:30 | 不 | |
| | | 11月27日(木) | 10:30 | 不 | |
| | 5年生以下対象学説明会 | 11月29日(土) | 10:30 | 不 | |

| 学校名 | 行事内容 | 開催日 | 開始時間 | 予約 | 備考 |
|---|---|---|---|---|---|
| ◎湘南学園 | 冬休み学校見学期間 | 1月16日(金) | 11:00 | 要 | |
| | | 1月17日(土) | 10:00 | 要 | |
| | | 1月17日(土) | 11:00 | 要 | |
| | 合唱コンクール | 1月23日(金) | 10:00 | 不 | |
| 〇湘南白百合学園 | 学校見学会 | 11月27日(木) | 10:15 | 要 | 保護者 |
| | 入試説明会 | 12月13日(土) | 9:30 | 要 | |
| ◎昌平 | 入試説明会 | 11月28日(金) | 10:00 | 不 | |
| | | 12月13日(土) | 10:00 | 不 | |
| ●城北 | 学校説明会 | 11月23日(日) | 10:00 | 不 | |
| ●城北埼玉 | 学校説明会 | 11月21日(金) | 10:00 | 不 | |
| | | 12月6日(土) | 10:00 | 不 | |
| ◎昭和学院 | 学校説明会 | 12月20日(土) | 10:45 | 不 | |
| 〇昭和女子大学附属昭和 | 学校説明会 | 11月23日(日) | 10:00 | 不 | |
| | 入試問題解説授業 | 11月23日(日) | 10:00 | 要 | 受験生 |
| | 体験授業・入試問題解説 | 12月23日(火) | 10:00 | 要 | 受験生 |
| | イングリッシュフェスティバル2015 | 1月16日(金) | 8:30 | 不 | |
| 〇女子学院 | 学校説明会 | 11月11日(火) | 8:10 | 要 | 保護者 |
| | | 11月13日(木) | 8:10 | 要 | 保護者 |
| | | 11月15日(土) | 10:00 | 要 | 保護者 |
| 〇女子聖学院 | 入試説明会・学校説明会 | 11月15日(土) | 14:00 | 不 | |
| | PTAクリスマス | 12月13日(土) | | 要 | |
| | 入試説明会・学校説明会 | 1月10日(土) | 10:00 | 不 | |
| | JSGプレシャス説明会 | 1月10日(土) | 11:00 | 要 | 保護者 |
| 〇女子美術大学付属 | 公開授業 | 11月22日(土) | 8:35 | 不 | |
| | | 11月29日(土) | 8:35 | 不 | |
| | 入試説明会・学校説明会 | 11月29日(土) | 14:00 | 不 | |
| | | 12月6日(土) | 14:00 | 不 | |
| | | 1月10日(土) | 14:00 | 不 | |
| 〇白梅学園清修 | 授業見学・ミニ説明会 | 11月22日(土) | 10:00 | 要 | |
| | 入試説明会 | 11月29日(土) | 14:00 | 要 | |
| | | 12月13日(土) | 14:00 | 要 | |
| | 入試個別相談 | 12月20日(土) | 10:00 | 要 | |
| | | 12月21日(日) | 10:00 | 要 | |
| | | 12月23日(火) | 10:00 | 要 | |
| | | 12月26日(金) | 10:00 | 要 | |
| | | 12月27日(土) | 10:00 | 要 | |
| | | 12月28日(日) | 10:00 | 要 | |
| | 授業見学会 | 1月17日(土) | 10:00 | 要 | |
| | | 1月24日(土) | 10:00 | 要 | |
| 〇白百合学園 | 学校説明会 | 11月15日(土) | 9:30 | 不 | |
| | 校内自由見学会 | 11月15日(土) | 11:00 | 不 | |
| | 学校説明会 | 12月6日(土) | 14:00 | 不 | |
| ◎杉並学院 | 入試説明会 | 11月29日(土) | 10:30 | 不 | |
| | | 12月13日(土) | 10:30 | 不 | |
| | | 1月10日(土) | 10:30 | 不 | |
| ●逗子開成 | 土曜見学会 | 11月15日(土) | 10:00 | 要 | |
| | 水曜見学会 | 11月19日(水) | 10:00 | 要 | |
| ◎駿台学園 | 休日個別相談会 | 11月16日(日) | 10:00 | 要 | |
| | | 11月23日(日) | 10:00 | 要 | |
| | | 11月24日(月) | 10:00 | 要 | |
| | | 11月30日(日) | 10:00 | 要 | |
| | | 12月7日(日) | 10:00 | 要 | |
| ●聖学院 | 授業・過去問体験 | 11月29日(土) | 10:30 | 要 | |
| | プレミアム説明会 | 12月9日(火) | 10:30 | 要 | 保護者 |
| | 学校説明会(過去問体験) | 12月23日(火) | 10:30 | 要 | |
| | 学校説明会 | 1月10日(土) | 10:30 | 要 | |
| ◎成蹊 | 学校説明会 | 11月22日(土) | 午前 | 不 | 成蹊大学 |
| ●聖光学院 | 聖光音楽祭 | 11月22日(土) | | 不 | |
| ●成城 | 学校説明会 | 11月15日(土) | 10:30 | 不 | 説明会後見学可 |
| | | 11月26日(水) | 10:30 | 不 | 説明会後見学可 |
| | | 1月14日(水) | 10:30 | 不 | 説明会後見学可 |
| ◎清真学園 | 学校見学会 | 11月29日(土) | 14:00 | 要 | |
| 〇聖セシリア女子 | 学校説明会 | 11月14日(金) | 10:00 | 不 | |
| | 発表会 | 11月18日(火) | 午後 | 不 | ハーモニーホール座間 |
| | 学校見学会 | 11月27日(木) | 10:00 | 要 | |
| | 学校説明会 | 12月13日(土) | 10:00 | 不 | |
| | クリスマスミサ | 12月20日(土) | | 要 | |
| 〇清泉女学院 | 親子見学会 | 11月15日(土) | 10:00 | 要 | |
| | 学校説明会 | 11月29日(土) | 10:00 | 不 | 保護者 |

| 学校名 | 行事内容 | 開催日 | 開始時間 | 予約 | 備考 |
|---|---|---|---|---|---|
| ◎帝京 | 学校説明会・入試模擬試験 | 12月20日（土） | 13:30 | 要 | |
| | 入試直前説明会 | 1月10日（土） | 13:30 | 不 | |
| ◎帝京大学 | 学校説明会 | 11月15日（土） | 10:00 | 不 | |
| | | 12月14日（日） | 10:00 | 不 | |
| | | 1月10日（土） | 14:00 | 不 | |
| ◎帝京八王子 | 学校説明会（理科実験教室・ランチ含む） | 11月15日（土） | 10:40 | 不 | |
| | 学校説明会（公開授業含む） | 11月21日（金） | 10:30 | 不 | |
| | 学校説明会（体験入試含む） | 11月30日（日） | 11:00 | 不 | |
| | 体験入試 | 12月7日（日） | 11:00 | 不 | |
| | 適性検査模試 | 12月21日（日） | 11:00 | 不 | |
| | | 1月11日（日） | 11:00 | 不 | |
| ◎貞静学園 | 学校説明会 | 11月16日（日） | 10:00 | 不 | |
| | プレテスト | 11月22日（土） | 10:00 | 要 | 受験生 |
| | 学校説明会 | 11月29日（土） | 10:00 | 不 | |
| | プレテスト | 12月6日（土） | 10:00 | 要 | 受験生 |
| | 学校説明会 | 12月13日（土） | 10:00 | 不 | |
| | 入試対策講座 | 12月21日（日） | 9:00 | 要 | 受験生 |
| | 学校説明会 | 1月10日（土） | 10:00 | 不 | |
| | | 1月24日（土） | 10:00 | 不 | |
| ○田園調布学園 | 入試体験 | 12月6日（土） | 10:00 | 不 | |
| | 学校説明会 | 12月6日（土） | 10:00 | 不 | |
| | | 12月12日（金） | 19:30 | 要 | |
| | 定期音楽会 | 1月21日（水） | 12:30 | 不 | 横浜みなとみらいホール |
| □桐蔭学園 | 学校説明会（女子部） | 11月18日（火） | 10:00 | 要 | 保護者 |
| | 学校説明会（中等） | 11月20日（木） | 10:00 | 要 | 保護者 |
| | 学校説明会（男子部） | 11月20日（木） | 10:00 | 要 | 保護者 |
| | 入試体験会（中等） | 12月6日（土） | 9:30 | 要 | 受験生 |
| | 入試体験会（男子部） | 12月6日（土） | 9:30 | 要 | 受験生 |
| | 入試体験会（女子部） | 12月6日（土） | 10:00 | 要 | |
| | 入試説明会（中等） | 12月6日（土） | 10:00 | 不 | |
| | 入試説明会（男子部） | 12月6日（土） | 10:00 | 不 | |
| | 入試説明会（女子部） | 12月6日（土） | 10:30 | 不 | |
| | 入試説明会（中等） | 1月17日（土） | | 要 | |
| | 入試説明会（男子部） | 1月17日（土） | | 要 | |
| | 入試説明会（女子部） | 1月17日（土） | | 要 | |
| ◎東海大学付属浦安 | 学校説明会 | 11月16日（日） | 10:00 | 不 | |
| | | 12月6日（土） | 10:00 | 不 | |
| ◎東海大学付属相模 | 学校説明会 | 12月14日（日） | 10:00 | 不 | |
| ○東京家政学院 | 保護者対象説明会 | 11月21日（金） | 18:30 | 不 | 保護者 |
| | 説明会（過去問題解説） | 11月29日（土） | 14:00 | 不 | |
| | 説明会（入試直前対策Ⅰ） | 12月13日（土） | 10:00 | 不 | |
| | 説明会（適性検査解説） | 1月7日（水） | 10:00 | 不 | |
| | 説明会（入試直前対策Ⅱ） | 1月10日（土） | 10:00 | 不 | |
| | 合唱祭 | 1月28日（水） | 13:00 | 不 | 練馬文化センター |
| ○東京家政大学附属 | 学校説明会 | 11月14日（金） | 9:30 | 不 | |
| | スクールランチ試食会 | 11月24日（月） | 11:00 | 要 | |
| | 学校説明会 | 12月6日（土） | 14:00 | 要 | |
| | 入試直前アドバイス | 1月10日（土） | 14:00 | 不 | |
| | | 1月25日（日） | 10:00 | 不 | |
| ◎東京学館浦安 | 入試説明会 | 11月22日（土） | 10:00 | 要 | |
| | 個別相談会 | 12月6日（土） | 9:00 | 要 | |
| | 学校公開週間 | 12月15日（月） | 9:00 | 要 | |
| | | 12月16日（火） | 9:00 | 要 | |
| | | 12月17日（水） | 9:00 | 要 | |
| | | 12月18日（木） | 9:00 | 要 | |
| | | 12月19日（金） | 9:00 | 要 | |
| | 入試説明会 | 1月10日（土） | 10:00 | 要 | |
| ○東京純心女子 | 適性検査型入試説明会 | 12月23日（火） | 9:00 | 要 | |

| 学校名 | 行事内容 | 開催日 | 開始時間 | 予約 | 備考 |
|---|---|---|---|---|---|
| ●世田谷学園 | ６年生対象学校説明会 | 12月１日（月）<br>12月６日（土） | 10:30 | 不 | 受験生 |
| | ５年生以下対象学校説明会 | 12月12日（金） | 10:30 | 不 | |
| | 入試直前説明会 | 12月13日（土） | 10:30 | 不 | |
| ◎専修大学松戸 | テーマ別説明会 | 11月22日（土） | 10:00 | 不 | |
| | 学校説明会 | 12月14日（日） | 10:00 | 不 | |
| ○洗足学園 | 学校説明会 | 11月29日（土） | 14:00 | 不 | |
| | 入試問題説明会 | 12月13日（土） | 8:30 | 要 | |
| | | 12月13日（土） | 13:00 | 要 | |
| ◎創価 | 友好の集い | 11月24日（月） | | 不 | |
| ○捜真女学校 | 学校説明会 | 11月28日（金） | 18:30 | 不 | |
| | 入試相談会 | 1月10日（土） | 10:00 | 不 | |
| ◎相洋 | 音楽会 | 11月15日（土） | 10:00 | 不 | |
| | 学校説明会 | 12月7日（日） | 10:00 | 要 | |
| タ ●高輪 | 入試説明会 | 12月6日（土） | 14:00 | 要 | |
| | | 1月8日（木） | 14:00 | 要 | |
| ○瀧野川女子学園 | 入試チャレンジ２科・４科 | 11月22日（土） | 13:30 | 要 | |
| | 入試チャレンジ解説会・相談会 | 11月29日（土） | 13:30 | 要 | |
| | 入試相談会 | 12月6日（土） | 13:30 | 不 | |
| | 学校説明会 | 12月20日（土） | 13:30 | 不 | |
| | | 1月10日（土） | 13:30 | 不 | |
| | 入試相談会 | 1月17日（土） | 13:30 | 不 | |
| ◎橘学苑 | 学校説明会 | 11月22日（土） | 9:30 | 不 | |
| | オープンスクール | 11月22日（土） | 9:30 | 要 | 受験生 |
| | 受験生のための模擬試験 | 12月13日（土） | 8:20 | 要 | 受験生 |
| | 学校説明会 | 12月13日（土） | 8:30 | 不 | |
| ◎玉川学園 | 入試問題チャレンジ会 | 11月15日（土） | 10:00 | 要 | |
| | 入試問題説明会 | 12月13日（土） | 10:00 | 不 | |
| | ミニ説明会 | 1月15日（木） | 10:00 | 要 | |
| ○玉川聖学院 | オープンキャンパス（プレテスト） | 11月24日（月） | 9:00 | 未 | |
| | オープンキャンパス | 12月6日（土） | 10:00 | 未 | |
| | 学校説明会 | 1月9日（金） | 10:15 | 不 | 保護者 |
| ◎多摩大学附属聖ヶ丘 | アフタヌーン説明会 | 11月18日（火） | 14:30 | 要 | |
| | 合唱コンクール | 11月21日（金） | 12:00 | 不 | パルテノン多摩 |
| | 学校説明会 | 12月6日（土） | 14:00 | 不 | |
| | | 1月11日（日） | 10:00 | 不 | |
| ◎多摩大学目黒 | 学校説明会 | 11月12日（水） | 10:00 | 不 | |
| | 学校見学 | 11月12日（水） | 12:00 | 不 | |
| | 体験学習 | 11月22日（土） | 10:00 | 要 | セミナーハウス |
| | 学校説明会 | 12月6日（土） | 10:00 | 不 | 説明会後見学可 |
| | | 1月9日（金） | 19:00 | 不 | 説明会後見学可 |
| | | 1月10日（土） | 10:00 | 不 | 説明会後見学可 |
| ◎千葉国際 | 学校説明会 | 11月16日（日） | 10:00 | 不 | |
| | 個別相談会 | 12月7日（日） | 10:00 | 不 | |
| | | 12月21日（日） | 10:00 | 不 | |
| ◎千葉日本大学第一 | 学校説明会 | 11月29日（土） | 14:00 | 不 | |
| | | 12月6日（土） | 14:00 | 不 | |
| ◎千葉明徳 | 学校説明会 | 11月23日（日） | 10:40 | 要 | |
| | | 12月14日（日） | 10:40 | 要 | |
| ◎中央大学附属横浜 | 学校説明会 | 11月22日（土） | 14:00 | 不 | |
| ◎千代田区立九段 | 学校説明会 | 11月15日（土） | 午後 | 要 | |
| | | 11月16日（日） | 午後 | 要 | |
| | 子育て講演会 | 1月 | | 要 | 保護者 |
| ○千代田女学園 | 学校説明会 | 11月12日（水） | 10:30 | 不 | 保護者 |
| | 校内音楽会 | 11月29日（土） | 9:00 | 不 | |
| | 個別相談会 | 11月29日（土） | 9:00 | 不 | |
| | 入試対策会 | 12月6日（土） | 10:30 | 不 | |
| | 学校説明会 | 12月16日（火） | 10:30 | 不 | 保護者 |
| | 入試対策会 | 1月6日（火） | 10:30 | 不 | |
| | 学校説明会 | 1月16日（金） | 10:30 | 不 | 保護者 |
| ◎土浦日本大学 | 入試解説会 | 11月22日（土） | 10:00 | 要 | |
| ◎鶴見大学附属 | 学校説明会 | 11月12日（水） | 10:00 | 不 | |
| | 入試問題の傾向と対策 | 11月29日（土） | 10:00 | 不 | |
| | サテライト説明会 | 12月4日（木） | 19:00 | 不 | 鶴見大学会館 |
| | 入試模擬体験 | 12月13日（土） | 9:00 | 要 | |
| | 入試直前説明会 | 1月17日（土） | 10:00 | 不 | |
| ◎帝京 | 学校説明会 | 11月15日（土） | 13:30 | 不 | |
| | 入試問題傾向と対策 | 12月7日（日） | 11:00 | 不 | |

# まだまだあります！ 学校説明会

| 学校名 | 行事内容 | 開催日 | 開始時間 | 予約 | 備考 |
|---|---|---|---|---|---|
| □桐光学園 | 入試説明会 | 11月15日（土） | 13:30 | 不 | |
| | 帰国生対象説明会 | 12月13日（土） | 13:30 | 不 | |
| ◎東星学園 | 個別入試相談会 | 12月16日（火） | 15:30 | 要 | |
| | | 12月17日（水） | 15:30 | 要 | |
| | | 12月18日（木） | 15:30 | 要 | |
| | | 12月19日（金） | 15:30 | 要 | |
| | | 12月20日（土） | 15:30 | 要 | |
| | | 12月21日（日） | 10:00 | 要 | |
| | クリスマス会 | 12月22日（月） | 9:30 | 要 | |
| | 個別入試相談会 | 12月22日（月） | 11:30 | 要 | |
| | 入試体験会 | 1月10日（土） | 13:30 | 要 | |
| ●桐朋 | 自由研究展示会 | 11月18日（火） | 13:30 | 不 | |
| | | 11月19日（水） | 13:30 | 不 | |
| | | 11月20日（木） | 13:30 | 不 | |
| | | 11月21日（金） | 13:30 | 不 | |
| | 学校説明会 | 11月22日（土） | 14:00 | 要 | |
| ◎東邦音楽大学附属東邦 | 定期演奏会（合唱コンクール） | 11月23日（日） | 13:00 | 不 | |
| | 音楽アドバイス | 11月29日（土） | 9:00 | 不 | |
| | | 12月6日（土） | 9:00 | 不 | |
| | 冬期講習会 | 12月25日（木） | 9:00 | 不 | |
| | | 12月26日（金） | 9:00 | 不 | |
| | 定期演奏会（合唱・合奏） | 1月17日（土） | 13:00 | 不 | |
| | 定期演奏会（ソロ） | 1月24日（土） | 13:00 | 不 | |
| ○桐朋女子 | 学校説明会 | 11月15日（土） | 14:00 | 要 | |
| | | 12月6日（土） | 14:00 | 要 | |
| | | 1月10日（土） | 14:00 | 要 | |
| ◎東邦大学付属東邦 | 学校見学会 | 11月22日（土） | | 要 | |
| | | 11月29日（土） | | 要 | |
| ○東洋英和女学院 | 入試問題説明会 | 11月29日（土） | 9:00 | 不 | |
| | クリスマス音楽会 | 12月13日（土） | 13:00 | 不 | |
| | | 12月13日（土） | 15:00 | 不 | |
| | ミニ学校説明会 | 12月26日（金） | 10:00 | 要 | |
| ◎東洋大学京北 | 学校説明会 | 11月23日（日） | 10:00 | 要 | 東洋大学白山キャンパス |
| | | 12月7日（日） | 10:00 | 要 | 東洋大学白山キャンパス |
| | | 12月7日（日） | 14:00 | 要 | 東洋大学白山キャンパス |
| | 入試問題解説会・個別相談会 | 12月21日（日） | 13:30 | 要 | 東洋大学白山キャンパス |
| ○トキワ松学園 | 学校説明会 | 11月21日（金） | 10:30 | 要 | 保護者 |
| | 適性検査型入試説明会 | 12月6日（土） | 10:00 | 要 | |
| | 入試体験教室（5・6年生対象） | 12月23日（火） | 14:00 | 要 | 受験生 |
| | 入試説明会 | 12月23日（火） | 14:00 | 要 | 保護者 |
| | | 1月10日（土） | 14:30 | 要 | 保護者 |
| | 入試体験教室（5・6年生対象） | 1月10日（土） | 14:30 | 要 | 受験生 |
| | 初めての方対象学校説明会 | 1月24日（土） | 10:00 | 要 | |
| ●獨協 | 学校説明会 | 11月16日（日） | 13:30 | 不 | |
| | | 12月7日（日） | 10:00 | 不 | |
| | 直前説明会 | 12月21日（日） | 10:00 | 不 | |
| ◎獨協埼玉 | 学校説明会 | 11月23日（日） | 10:30 | 不 | |
| | | 12月13日（土） | 10:00 | 不 | |
| ○中村 | 学校説明会 | 11月22日（土） | 10:00 | 要 | |
| | | 12月13日（土） | 9:00 | 要 | |
| | | 12月18日（木） | 19:00 | 要 | |
| | cafe説明会 | 1月8日（木） | 14:00 | 要 | 保護者 |
| | ぴっころこんさあと | 1月24日（土） | | 不 | |
| | cafe説明会 | 1月25日（日） | 14:00 | 要 | |
| □西大和学園 | 入試説明会（男子） | 11月15日（土） | 11:00 | 要 | |
| | 入試説明会（女子） | 11月15日（土） | 14:00 | 要 | |
| ◎二松学舎大学附属柏 | 学校説明会 | 11月24日（月） | 9:30 | 要 | |
| | | 12月6日（土） | 14:00 | 要 | |
| | 個別相談会 | 12月24日（水） | 10:00 | 不 | 柏そごう |
| | | 1月10日（土） | 10:00 | 不 | |
| ◎新渡戸文化 | 公開授業 | 11月23日（日） | 8:40 | 不 | |
| | 学校説明会 | 11月23日（日） | 11:30 | 不 | |
| | | 12月13日（土） | 14:00 | 不 | |
| | 入試説明会 | 12月21日（日） | 10:00 | 不 | |
| | 学校説明会 | 1月11日（日） | 10:00 | 不 | |
| | グローカル入試体験会 | 1月11日（日） | 14:00 | 要 | |

| 学校名 | 行事内容 | 開催日 | 開始時間 | 予約 | 備考 |
|---|---|---|---|---|---|
| ○東京純心女子 | クリスマス・ページェント | 12月23日（火） | 10:00 | 要 | |
| | 入試体験会 | 1月10日（土） | 14:00 | 要 | |
| ○東京女学館 | 入試説明会 | 11月15日（土） | 10:00 | 要 | |
| | 学校説明会 | 12月22日（月） | 13:00 | 不 | |
| ○東京女子学院 | TJGチャレンジ | 11月15日（土） | | 要 | |
| | 学校説明会 | 11月29日（土） | 13:30 | 不 | |
| | クリスマス会 | 12月 | | 不 | |
| | TJGチャレンジ | 12月13日（土） | | 要 | |
| | 個別相談会 | 12月25日（木） | | 要 | |
| | | 12月26日（金） | | 要 | |
| ○東京女子学園 | 体験入学 | 11月22日（土） | 14:00 | 要 | 受験生 |
| | 学校説明会 | 11月22日（土） | 14:00 | 不 | |
| | | 12月13日（土） | 10:00 | 不 | |
| | 入試対策勉強会 | 12月13日（土） | 10:00 | 要 | |
| | | 12月13日（土） | 14:00 | 要 | |
| | 学校説明会 | 12月13日（土） | 14:00 | 不 | |
| | | 1月10日（土） | 14:00 | 不 | |
| | | 1月24日（土） | 14:00 | 不 | |
| ◎東京成徳大学 | 学校説明会 | 11月23日（日） | 10:30 | 不 | |
| | 入試説明会 | 12月14日（日） | 10:30 | 不 | |
| | | 1月7日（水） | 10:30 | 不 | |
| | 学校説明会 | 1月17日（土） | 10:30 | 不 | |
| ◎東京電機大学 | 授業公開 | 11月12日（水） | 10:00 | 不 | |
| | 入試説明会 | 11月15日（土） | 14:00 | 不 | |
| | 入試過去問題解説会 | 12月20日（土） | 10:00 | 要 | |
| | 入試説明会 | 1月7日（水） | 10:00 | 不 | |
| ◎東京都市大学等々力 | 学校説明会 | 11月22日（土） | 14:30 | 要 | |
| | | 12月21日（日） | 14:30 | 要 | |
| | | 1月12日（月） | 14:30 | 要 | |
| ●東京都市大学付属 | ミニ説明会 | 11月15日（土） | 10:00 | 要 | |
| | 過去問チャレンジ（6年生対象） | 11月23日（日） | 9:00 | 要 | 受験生 |
| | 入試説明会 | 11月23日（日） | 10:00 | 要 | |
| | ミニ説明会 | 11月29日（土） | 10:00 | 要 | |
| | イブニング説明会・冬 | 12月19日（金） | 18:30 | 要 | |
| | 入試説明会 | 1月11日（日） | 10:00 | 要 | |
| | ミニ説明会 | 1月17日（土） | 10:00 | 要 | |
| | | 1月24日（土） | 10:00 | 要 | |
| ◎東京都立桜修館 | 授業公開週間 | 11月10日（月） | | | |
| | | 11月11日（火） | | 不 | |
| | | 11月12日（水） | | 不 | |
| | | 11月13日（木） | | 不 | |
| | | 11月14日（金） | | 不 | |
| | | 11月15日（土） | | 不 | |
| | 入試説明会 | 11月29日（土） | | 不 | |
| | | 11月30日（日） | | 不 | |
| ◎東京都立大泉高等学校附属 | 学校授業公開 | 11月19日（水） | 10:30 | 不 | |
| | | 11月20日（木） | 10:30 | 不 | |
| | | 11月21日（金） | 10:30 | 不 | |
| | 入試説明会・学校説明会 | 11月29日（土） | | 未定 | 保護者 |
| ◎東京都立小石川 | 授業公開 | 11月15日（土） | 8:45 | 不 | |
| | 適性検査問題解説会 | 11月23日（日） | 午前 | 要 | 受験生 |
| ◎東京都立立川国際 | 公開授業週間 | 11月10日（月） | 8:30 | 不 | |
| | | 11月11日（火） | 8:30 | 不 | |
| | | 11月12日（水） | 8:30 | 不 | |
| ◎東京都立白鷗高等学校附属 | 願書配布説明会 | 11月29日（土） | | 不 | |
| ◎東京都立南多摩 | 応募説明会 | 11月29日（土） | 13:30 | 不 | |
| ◎東京都立武蔵高等学校附属 | 応募説明会 | 11月30日（日） | | 不 | |
| ◎東京都立両国高等学校附属 | 道徳地区公開 | 11月28日（金） | | 不 | |
| | 学校説明会 | 11月29日（土） | 9:30 | 不 | |
| ◎東京農業大学第一高等学校 | 入試対策説明会 | 12月14日（日） | 10:00 | 不 | |
| | | 12月14日（日） | 14:00 | 不 | |
| | 学校説明会 | 1月10日（土） | 10:00 | 不 | |
| ◎東京農業大学第三高等学校附属 | 入試模擬体験 | 11月24日（月） | 9:30 | 要 | |
| | 説明会 | 12月13日（土） | 9:30 | 不 | |
| ◎東京立正 | 学校説明会 | 11月22日（土） | | 不 | |
| | | 11月29日（土） | | 不 | |
| | 吹奏楽定期演奏会 | 12月 | | 要 | |
| | 学校説明会 | 12月13日（土） | | 不 | |
| | | 1月10日（土） | | 不 | |

| 学校名 | 行事内容 | 開催日 | 開始時間 | 予約 | 備考 |
|---|---|---|---|---|---|
| ◎文教大学付属 | 授業公開デー | 12月6日(土) | 10:30 | 不 | |
| | 入試模擬体験 | 12月13日(土) | | 要 | |
| | 入試問題対策説明会 | 1月10日(土) | | 要 | |
| | プレミアム説明会 | 1月14日(水) | 11:00 | 不 | |
| | 授業公開デー | 1月24日(土) | 10:30 | 不 | |
| ◎法政大学 | 秋の学校説明会 | 11月18日(火) | 10:20 | 要 | |
| | 入試直前対策講習会 | 12月6日(土) | 8:30 | 要 | 受験生 |
| | 施設見学会 | 12月27日(土) | 10:00 | 要 | |
| | | 12月27日(土) | 14:00 | 要 | |
| | | 1月10日(土) | 14:30 | 要 | |
| ●法政大学第二 | 二中文化祭 | 11月15日(土) | 10:00 | 不 | |
| ◎宝仙学園理数インター | 入試体験会 | 11月23日(日) | 8:45 | 要 | |
| | 選抜クラス向け説明会 | 11月30日(日) | 10:00 | 要 | |
| | 公立一貫入試対応入試向け説明会 | 11月30日(日) | 10:30 | 要 | |
| | 中学入試説明会 | 12月13日(土) | 14:30 | 不 | |
| | 入試POINT会 | 1月10日(土) | 14:30 | 要 | |
| | | 1月17日(土) | 10:30 | 要 | |
| ●本郷 | 入試説明会 | 11月29日(土) | 14:00 | 不 | |
| | 親子見学会 | 12月23日(火) | 10:30 | 要 | |
| | | 12月23日(火) | 14:00 | 要 | |
| ◎本庄東高等学校附属 | プチ相談会 | 11月22日(土) | 14:00 | 要 | |
| | | 12月6日(土) | 14:00 | 要 | |
| | | 12月21日(日) | 10:00 | 要 | |
| マ ○聖園女学院 | 授業見学会 | 11月24日(月) | 9:30 | 不 | 受験生 |
| | 過去問勉強会 | 11月24日(月) | 9:30 | 不 | 受験生 |
| | 学校説明会 | 12月14日(日) | 9:30 | 不 | |
| | 体験入学 | 12月14日(日) | 9:30 | 不 | 受験生 |
| | クリスマスタブロ | 12月20日(土) | 14:00 | 要 | |
| | 授業見学会 | 1月 | | 要 | |
| ◎三田国際学園 | 学校説明会 | 11月29日(土) | 10:00 | 不 | |
| | | 12月20日(土) | 10:00 | 不 | |
| | | 1月17日(土) | 10:00 | 不 | |
| ○緑ヶ丘女子 | ジュニアイングリッシュ(無料英会話教室) | 11月15日(土) | 9:30 | 要 | |
| | 入試説明会 | 12月6日(土) | 10:00 | 不 | |
| | ジュニアイングリッシュ(無料英会話教室) | 12月13日(土) | 9:30 | 要 | |
| | 入試説明会 | 1月17日(土) | 10:30 | 不 | |
| | ジュニアイングリッシュ(無料英会話教室) | 1月24日(土) | 9:30 | 要 | |
| ◎明星学園 | 入試説明会 | 11月22日(土) | 14:00 | 要 | |
| | ミニ学校説明会 | 12月14日(日) | | 要 | |
| ○三輪田学園 | 学校説明会 | 11月15日(土) | 12:30 | 不 | |
| | 校長と入試問題にチャレンジ | 11月22日(土) | 14:00 | 要 | 受験生 |
| | ミニ学校説明会 | 12月2日(火) | 10:00 | 要 | 保護者 |
| | 校長と入試問題にチャレンジ | 12月6日(土) | 10:00 | 要 | 受験生 |
| | | 12月20日(土) | 14:00 | 要 | 受験生 |
| | 直前説明会 | 12月23日(火) | 10:00 | 不 | |
| | | 1月10日(土) | 10:00 | 不 | |
| | ミニ学校説明会 | 1月13日(火) | 10:00 | 要 | 保護者 |
| ●武蔵 | 学校説明会 | 11月15日(土) | 13:30 | 不 | |
| ◎武蔵野 | 入試説明会 | 12月13日(土) | 10:00 | 不 | |
| | 入試直前ガイダンス | 1月7日(水) | 10:00 | 不 | |
| ○武蔵野女子学院 | 初めてのMJ | 11月13日(木) | 13:00 | 要 | |
| | | 12月12日(金) | 13:00 | 要 | |
| | MJ入試のポイント | 12月21日(日) | 10:00 | 不 | |
| | 初めてのMJ | 1月10日(土) | 10:00 | 要 | |
| | | 1月25日(日) | 10:00 | 要 | |
| ◎武蔵野東 | 学園祭(文化祭) | 11月16日(日) | 10:00 | 不 | |
| | スクールツアー | 11月19日(水) | 16:00 | 要 | |
| | 学校説明会 | 11月22日(土) | 10:00 | 不 | |
| | スクールツアー | 11月28日(金) | 16:00 | 要 | |
| | 入試問題解説講座 | 12月6日(土) | 9:00 | 要 | 受験生 |
| | スクールツアー | 12月10日(水) | 16:00 | 要 | |
| | 学校説明会 | 12月12日(金) | 10:00 | 不 | |
| | スクールツアー | 12月17日(水) | 16:00 | 要 | |
| | スクールツアー | 12月22日(月) | 16:00 | 要 | |
| | 入試問題解説講座 | 1月10日(土) | 9:00 | 要 | 受験生 |

| 学校名 | 行事内容 | 開催日 | 開始時間 | 予約 | 備考 |
|---|---|---|---|---|---|
| ナ ●日本学園 | 入試説明会 | 12月3日(水) | 10:00 | 不 | 保護者 |
| | 入試体験 | 1月12日(月) | 8:30 | 要 | |
| | ナイト説明会 | 1月23日(金) | 18:00 | 不 | |
| ◎日本工業大学駒場 | 学校説明会 | 11月13日(木) | 13:30 | 不 | 保護者 |
| | | 11月22日(土) | 14:00 | 不 | |
| | | 12月7日(日) | 10:00 | 不 | |
| | | 12月10日(水) | 19:00 | 不 | |
| | プレテスト | 12月21日(日) | 9:00 | 要 | 受験生 |
| | 学校説明会 | 1月11日(日) | 10:00 | 不 | |
| ○日本女子大学附属 | 学校説明会 | 11月15日(土) | 14:00 | 不 | |
| ◎日本大学 | 学校説明会 | 11月29日(土) | 9:30 | 不 | |
| ◎日本大学第一 | 学校説明会 | 11月15日(土) | 10:00 | 要 | |
| | | 11月15日(土) | 14:00 | 要 | |
| | | 11月23日(日) | 10:00 | 要 | |
| | | 11月23日(日) | 14:00 | 要 | |
| | 学校見学会 | 12月26日(金) | 10:00 | 要 | |
| | | 12月26日(金) | 14:00 | 要 | |
| | | 12月27日(土) | 10:00 | 要 | |
| | | 12月27日(土) | 14:00 | 要 | |
| | | 12月28日(日) | 10:00 | 要 | |
| | | 12月28日(日) | 14:00 | 要 | |
| | 入試直前相談会 | 1月10日(土) | 14:00 | 要 | |
| ◎日本大学第三 | 学校説明会 | 11月22日(土) | 13:45 | 不 | |
| ●日本大学豊山 | 体験授業・部活体験 | 11月16日(日) | 14:00 | 要 | 受験生 王子神谷校舎 |
| | 学校説明会 | 11月16日(日) | 14:00 | 不 | 王子神谷校舎 |
| | | 12月6日(土) | 14:00 | 不 | |
| | | 1月17日(土) | 14:00 | 不 | |
| ○日本大学豊山女子 | 学校説明会 | 11月24日(月) | 10:00 | 不 | |
| | | 12月6日(土) | 10:00 | 不 | |
| | | 1月10日(土) | 10:00 | 不 | |
| ◎日本大学藤沢 | 入試説明会 | 11月22日(土) | 10:00 | 不 | |
| ハ ◎八王子学園八王子 | premium説明会 | 11月18日(火) | 10:00 | 要 | 保護者 |
| | | 12月5日(金) | 10:00 | 要 | 保護者 |
| | 入試模擬問題体験・説明会 | 12月21日(日) | 10:00 | 要 | |
| | | 12月21日(日) | 13:00 | 要 | |
| | 直前説明会 | 1月13日(火) | 16:00 | 要 | 保護者 |
| | | 1月15日(木) | 16:00 | 要 | 保護者 |
| | 入試問題ガイダンス・説明会 | 1月17日(土) | 10:00 | 要 | |
| | 直前説明会 | 1月23日(金) | 16:00 | 要 | 保護者 |
| | | 1月27日(火) | 16:00 | 要 | 保護者 |
| ◎日出学園 | 一般入試説明会 | 12月6日(土) | 14:00 | 不 | |
| ◎広尾学園 | 入試傾向説明会 | 12月13日(土) | | 要 | |
| ○富士見 | 学校説明会 | 12月6日(土) | 10:30 | 要 | |
| | | 1月10日(土) | 10:30 | 要 | |
| | | 1月20日(火) | 10:30 | 要 | |
| ○藤村女子 | 予想問題解説会 | 11月16日(日) | 8:30 | 要 | |
| | | 11月16日(日) | 13:00 | 要 | |
| | 学校説明会 | 12月6日(土) | 14:00 | 不 | |
| | 個別相談会 | 1月10日(土) | 13:30 | 要 | |
| ◎武南 | 入試体験会 | 11月30日(日) | 8:30 | 要 | |
| | 入試説明会 | 12月14日(日) | 10:00 | 不 | |
| | | 12月14日(日) | 14:00 | 不 | |
| | 入試体験会 | 12月21日(日) | 8:30 | 要 | 保護者 |
| ○普連土学園 | 学校説明会 | 11月11日(火) | 10:00 | 要 | 保護者 |
| | | 11月18日(火) | 10:00 | 要 | 保護者 |
| | 生徒への質問会 | 12月6日(土) | 10:00 | 不 | |
| | 入試解説会 | 12月6日(土) | 13:30 | 不 | |
| | | 1月10日(土) | 10:00 | 不 | |
| ○文化学園大学杉並 | オープンスクール | 11月15日(土) | 14:00 | 要 | |
| | 入試説明会 | 11月29日(土) | 10:00 | 不 | |
| | | 12月6日(土) | 14:00 | 不 | |
| | A型入試説明会 | 12月6日(土) | 14:00 | 不 | |
| | 見学会 | 12月13日(土) | 14:00 | 要 | |
| | | 1月10日(土) | 14:00 | 不 | |
| | 入試体験会 | 1月17日(土) | 14:00 | 不 | |
| ○文華女子 | 入試体験会 | 11月23日(日) | 10:00 | 要 | |
| | 学校説明会 | 12月20日(土) | 13:30 | 不 | |
| | 入試問題解説会 | 1月24日(土) | 14:00 | 不 | |
| ○文京学院大学女子 | 入試チャレンジ | 12月23日(火) | 10:00 | 要 | |
| ◎文教大学付属 | オープンアクティビティ | 11月15日(土) | | 要 | |
| | 理科実験教室 | 11月15日(土) | | 要 | |
| | 授業公開デー | 11月15日(土) | 10:30 | 不 | |
| | プレミアム説明会 | 11月17日(月) | 11:00 | 不 | |
| | 学校説明会 | 11月29日(土) | 10:30 | 不 | |

# まだまだあります！ 学校説明会

| 学校名 | 行事内容 | 開催日 | 開始時間 | 予約 | 備考 |
|---|---|---|---|---|---|
| ○横浜英和女学院 | 土曜見学会 | 12月20日（土） | 10:00 | 要 | |
| ○横浜共立学園 | 学校説明会 | 11月15日（土） | 10:00 | 不 | |
| | | 11月15日（土） | 13:30 | 不 | |
| ○横浜女学院 | 学校説明会 | 11月15日（土） | 10:00 | 要 | |
| | ミニ説明会 | 11月29日（土） | 10:00 | 要 | |
| | 学校説明会 | 12月13日（土） | 10:00 | 要 | |
| | | 1月10日（土） | 8:30 | 要 | |
| ◎横浜翠陵 | 入試問題解説会 | 11月24日（月） | 9:30 | 要 | |
| | | 12月14日（日） | 10:00 | 要 | |
| | 模擬入試 | 1月12日（月） | 9:30 | 要 | |
| ◎横浜創英 | 学校説明会 | 11月24日（月） | 10:00 | 要 | |
| | ミニ説明会 | 12月3日（水） | 10:00 | 要 | 保護者 |
| | 模擬入試 | 12月14日（日） | 9:00 | 要 | 受験生 |
| | 学校説明会（出題傾向説明） | 1月10日（土） | 10:00 | 要 | |
| ◎横浜隼人 | 学校説明会 | 11月15日（土） | 13:30 | 不 | |
| | | 12月13日（土） | 10:00 | 要 | |
| | | 1月10日（土） | 10:00 | 不 | |
| ○横浜富士見丘学園 | 学校説明会 | 11月15日（土） | 10:00 | 不 | |
| | ４科対策演習 | 12月6日（土） | 9:00 | 不 | |
| | | 1月6日（火） | 9:00 | 不 | |
| | 学校説明会 | 1月15日（木） | 10:00 | 不 | 保護者 |
| ○横浜雙葉 | 土曜日学校案内 | 12月13日（土） | 9:00 | 要 | |
| | | 12月13日（土） | 10:00 | 要 | |
| | | 12月13日（土） | 11:00 | 要 | |
| ラ ●立教池袋 | 学校説明会 | 11月18日（火） | 14:30 | 不 | 保護者 |
| ○立教女学院 | 学校説明会 | 11月22日（土） | 13:00 | 要 | |
| ◎立正大学付属立正 | 学校説明会 | 11月22日（土） | 14:00 | 不 | |
| | 入試問題解説会 | 12月14日（日） | 10:00 | 不 | |
| | 学校説明会 | 1月10日（土） | 14:00 | 不 | |
| ◎麗澤 | 入試説明会 | 12月14日（日） | 10:30 | 不 | |
| | ミニ入試説明会 | 1月10日（土） | 午前 | 要 | 午前中の指定時間に実施 |
| ワ ◎和光 | 学校説明会 | 11月16日（日） | 10:00 | 不 | 保護者 |
| | 和光教研 | 11月23日（日） | 9:00 | 不 | |
| | 学校説明会 | 12月13日（土） | 13:30 | 不 | 保護者 |
| | | 1月10日（土） | 13:30 | 不 | 保護者 |
| ●早稲田大学高等学院 | 学校説明会 | 11月23日（日） | | 不 | |
| ○和洋九段女子 | ミニ説明会 | 11月14日（金） | 10:00 | 要 | |
| | プレテスト（６年生対象） | 12月21日（日） | 8:40 | 要 | |
| | ミニ説明会 | 1月10日（土） | 10:00 | 要 | |
| ○和洋国府台女子 | 学校説明会 | 12月6日（土） | 10:30 | 不 | |
| | 入試問題対策講座 | 12月6日（土） | 12:30 | 要 | 受験生 |
| | 学校説明会 | 1月10日（土） | 10:30 | 不 | |

※日程や時間などは変更になる場合もございます。おでかけの際にはかならず各中学校にご確認ください。

## 学校説明会のチェックポイント

①**交通の便**　電車やバスの時刻表、乗り継ぎの良し悪し。
②**施設**　校舎や教室、図書館、自習室、体育館や武道館、部室、ロッカー、トイレ、更衣室、食堂の充実度。
③**校風**　教育理念・目標、生徒の面倒見はどうか。校則は厳しいのか、学力養成のほか生活指導も充実しているか。
④**在校生のようす**　活発か、あいさつのようす、先生との距離、持ち物や服装を観察。そんな生徒とわが子の相性は？
⑤**授業時間と教育内容**　日々の課題や予習の量、授業時間、始業・終業時刻、時間割、部活動の時間制限なども重要。
⑥**補習や土曜授業の有無**　補習の実際、土曜日の活用。大学受験時の進学対策の有無、そのときに通塾は必要か。
⑦**部活動や行事**　部活動に力を入れているか、興味のある部活動があるか、設備は充実しているか。学校行事では文化祭、体育祭のようすや修学旅行先（国内、海外、その費用）、合唱祭、鑑賞会などの規模と生徒の関わりなども。
⑧**卒業生の進路**　大学への合格者数、進学者数の実際。

| 学校名 | 行事内容 | 開催日 | 開始時間 | 予約 | 備考 |
|---|---|---|---|---|---|
| ◎武蔵野東 | 学校説明会 | 1月10日（土） | 10:00 | 不 | |
| | スクールツアー | 1月14日（水） | 16:00 | 要 | |
| | | 1月21日（水） | 16:00 | 要 | |
| ○村田女子 | 学校説明会（スペシャルプログラム） | 11月23日（日） | 13:30 | 不 | |
| | 学校説明会 | 11月29日（土） | 14:00 | 不 | |
| | | 12月6日（土） | 14:00 | 不 | |
| | | 12月13日（土） | 14:00 | 不 | |
| ◎明治学院 | 学校説明会 | 11月26日（水） | 11:00 | 不 | |
| | クリスマスの集い | 12月20日（土） | 15:00 | 不 | |
| | 学校説明会 | 1月10日（土） | 14:00 | 不 | |
| | ハンドベル定期演奏会 | 1月29日（木） | 19:00 | 不 | 中野ZEROホール |
| ◎明治大学付属中野八王子 | 学校説明会 | 11月22日（土） | 14:30 | 不 | |
| | オープンスクール | 11月29日（土） | 9:50 | 不 | |
| ◎明星 | 学校説明会 | 11月21日（金） | 19:00 | 不 | |
| | | 12月13日（土） | 14:00 | 不 | |
| | | 1月17日（土） | 15:00 | 不 | |
| | 面接リハーサル | 1月17日（土） | 15:00 | 要 | 受験生 |
| ●明法 | GE講座見学会 | 11月12日（水） | 10:00 | 不 | |
| | 入試傾向説明会 | 11月23日（日） | 10:00 | 不 | |
| | GE講座見学会 | 11月26日（水） | 10:00 | 不 | |
| | 入試体験会（６年）・入試傾向説明会 | 12月14日（日） | 9:00 | 要 | |
| | 学校説明会 | 1月23日（金） | 10:00 | 不 | |
| ◎目黒学院 | 学校説明会 | 11月22日（土） | 10:00 | 不 | |
| | 体験授業・個別相談会 | 11月22日（土） | 14:30 | 要 | |
| | 学校説明会 | 12月13日（土） | 10:00 | 不 | |
| | 体験授業・個別相談会 | 12月13日（土） | 14:30 | 要 | |
| | 学校説明会 | 1月11日（日） | 10:00 | 不 | |
| ○目黒星美学園 | 入試説明会 | 11月16日（日） | 10:20 | 不 | |
| | | 12月13日（土） | 10:20 | 不 | |
| | クリスマス会 | 12月20日（土） | 14:00 | 要 | |
| | 入試体験 | 1月11日（日） | 9:30 | 要 | |
| | 入試直前説明会 | 1月25日（日） | 10:20 | 不 | |
| ◎目白研心 | 学校説明会 | 11月29日（土） | 10:30 | 不 | |
| | 入試体験 | 12月14日（日） | 10:30 | 要 | 受験生 |
| | 学校説明会 | 1月10日（土） | 10:30 | 不 | |
| ◎森村学園 | 入試問題解説会 | 11月30日（日） | 14:00 | 要 | |
| | ミニ学校説明会 | 1月10日（土） | 10:30 | 要 | |
| ヤ ○八雲学園 | 学校説明会 | 11月23日（日） | 10:30 | 不 | |
| | 英語祭 | 12月13日（土） | | 不 | |
| | 百人一首大会 | 12月19日（金） | | 不 | |
| | 学校説明会 | 12月20日（土） | 10:30 | 不 | |
| | | 1月10日（土） | 10:30 | 不 | |
| ◎安田学園 | 学校説明会 | 11月23日（日） | 9:20 | 不 | |
| | 入試体験 | 11月23日（日） | 9:30 | 要 | |
| | 学校説明会 | 12月20日（土） | 9:20 | 不 | |
| | 入試解説 | 12月20日（土） | 9:30 | 不 | |
| | 学校説明会 | 1月10日（土） | 14:30 | 不 | |
| | 入試直前対策 | 1月10日（土） | 14:30 | 不 | |
| ◎山手学院 | 学校説明会 | 11月22日（土） | 10:00 | 不 | |
| | 土曜ミニ説明会 | 12月6日（土） | 10:00 | 要 | |
| | | 1月10日（土） | 10:00 | 要 | |
| ○山脇学園 | 学校説明会（オープンキャンパス形式） | 11月15日（土） | 9:00 | 要 | |
| | 学校説明会 | 12月6日（土） | 9:00 | 要 | |
| | | 1月10日（土） | 9:00 | 要 | |
| ◎横須賀学院 | 合唱コンクール | 11月15日（土） | 10:00 | 要 | |
| | 学校説明会 | 12月13日（土） | 10:30 | 不 | |
| | クリスマス・ページェント | 12月19日（金） | 10:30 | 要 | |
| ●横浜 | 学校説明会 | 11月14日（金） | 10:00 | 不 | |
| | 横校まるごと体験日 | 12月20日（土） | 9:00 | ※ | ※一部予約要 |
| | 学校説明会 | 1月17日（土） | 10:00 | 不 | |
| | 入試個別相談week | 1月19日（月） | 10:00 | 不 | |
| | | 1月20日（火） | 10:00 | 不 | |
| | | 1月21日（水） | 10:00 | 不 | |
| | | 1月22日（木） | 10:00 | 不 | |
| | | 1月23日（金） | 10:00 | 不 | |
| | | 1月24日（土） | 10:00 | 不 | |
| ○横浜英和女学院 | ナイト説明会 | 12月5日（金） | 18:30 | 要 | |

授業は集団、ＴＴＣで個別対応

# 合格をゲット！冬の茗渓パワー！

## ○合格への準備進んでいますか?

現在進行中

志望校別特訓　毎週土曜日

**冬期講習受付中!（小1～小6）**

**●小1～小5　12月冬期前1ヶ月無料体験受付中!**

（テキスト代のみ実費）

## めいけいの冬期講習

千葉県：12月25日～30日＆1月4日・5日

東京・埼玉：12月26日～30日＆1月4日～6日

・小３～小６ピラミッド＆ＴＴＣ（年内５日間）
・公立一貫校受検（小５は年内５日間、小６は８日間）
・わくわくワークルーム（小１・２）（年内４日間）
・中学受験コース（小３・４は年内５日間、小５・６は８日間）

**教務便り冬期特別号**

・詳しい内容・日程・費用が分かります。
お電話でお気軽にご請求下さい。

### ■12月21日（日）

小６対象

市川学園受験の合否にせまる!

**市川そっくり模試**

AM ８時２０分集合

瑞江・本八幡・船橋・鎌取教室

### ■12月31日＆1月2日・3日

小６対象

**正月特訓**

会場：瑞江教室

●志望校別答案作成練習
●「やり直し」の徹底
●基礎力アップ

### ■12月23日（火・祝）

**茗渓模試**

会場：かえつ有明中学校

**小５対象「入試１年前体験」**

（私国立・公立一貫）

早い体験が意識を変える!
塾スタッフが引率します。

**小６対象「入試本番そっくり体験」**

●私国立中学受験コース
●公立一貫校受検コース

本番で力が出せるのか、本番と同じ設定で行います。

# 茗渓塾

MEI KEI JYUKU

http://www.meikei.com

本部事務局
〒151-0073　東京都渋谷区笹塚1-56-7
TEL:03-3320-9661 FAX:03-3320-9630

| | | | |
|---|---|---|---|
| 笹塚教室 | ☎ 03-3378-0199 | 方南教室 | ☎ 03-3313-2720 |
| 大山教室 | ☎ 03-3958-3119 | 王子教室 | ☎ 03-3913-8977 |
| 小岩教室 | ☎ 03-3672-1010 | 瑞江教室 | ☎ 03-3698-7070 |
| 東大島教室 | ☎ 03-5875-1223 | 本八幡教室 | ☎ 047-393-6506 |
| 稲毛教室 | ☎ 043-207-6565 | 船橋教室 | ☎ 047-460-3816 |
| 千葉教室 | ☎ 043-290-5680 | 土気教室 | ☎ 043-205-5541 |
| 鎌取教室 | ☎ 043-300-0011 | ユーカリが丘教室 | ☎ 043-460-2070 |
| 川口教室 | ☎ 048-241-5456 | 大宮教室 | ☎ 048-650-5655 |
| 富士見教室 | ☎ 049-251-2048 | | |

# 中学受験 合格アプローチ 2015年度版

## 入試直前 必勝ガイド

### あとがき

いよいよ入試が近づきました。まさに正念場のこの時期、保護者のみなさまにとっても胃の痛むような日々ではないでしょうか。

この本は、そんな保護者、受験生のために「入試直前期」にスポットをあてて編集されました。

これまで、一生懸命中学受験に向かって勉強に取り組んできた受験生を見守ってきたお父さま、お母さまなら、だれもが「合格」を手にしたいのは当たり前。神にも祈りたいといった心境でしょう。

でも、ほんとうの「ゴール」はもっとさきにあるはずです。

そのことに思いを馳せることができる保護者のかたは、お子さまにも余裕を持って接することができるでしょう。

あたたかい笑顔での言葉がけが、どんなにお子さまを勇気づけるかわかりません。これからの時期はお子さまに「安心感」を与えつづけることが大切です。どうか、家族みんながおおらかな気持ちで、肩を組んでゴールへと飛びこんでください。

「中学受験」をつうじ、お子さまにもご両親にも、すばらしい成果がもたらされることを願ってやみません。

『合格アプローチ編集部』




ご投稿・ご注文・お問合せは

**株式会社グローバル教育出版**

【所在地】〒101-0047

東京都千代田区内神田2-4-2 グローバルビル

【電話番号】03-3253-5944《合格しょう》(代)

【FAX番号】03-3253-5945

URL:http://www.g-ap.com

e-mail:gokaku@g-ap.com

合格アプローチ　2015年度版

**中学受験直前対策号**

**入試直前 必勝ガイド**

2014年11月10日初版第一刷発行

**定価：本体 1,000 円** + 税

●発行所／株式会社グローバル教育出版

〒101-0047 東京都千代田区内神田2-4-2 グローバルビル

電話 03-3253-5944(代)　　FAX 03-3253-5945

http://www.g-ap.com　　郵便振替 00140-8-36677